山东省人文社会科学课题（编号：2024-QNRC-17）资助

山东省高等学校课程思政教学改革研究项目（编号：SZ2023004）资助

山东省研究生教育教学改革研究项目（编号：SDYJSJGC2023045）资助

济南大学教学改革研究重点项目（编号：JZ2216）资助

济南市"海右计划"哲学社会科学领域人才项目资助

济南大学出版基金资助

现代教育技术应用的伦理审视

谢娟　著

人民出版社

目　录

前　言

当今社会是技术的时代，更是伦理的时代。现代教育技术在经历快速发展之后，正在进入一个需要伦理规约的自我完善的新阶段。现代教育技术在物化层面的不断更新无法等同于教育的先进性。如何确保现代教育技术的适当应用，避免过度或不当应用带来的消极影响，归根结底是一个伦理问题。因此，对教育技术乃至整个教育领域而言，现代教育技术伦理研究都是一项极其重要的课题。

"已经在此"的现代教育技术，为了"自我显现"其促进人的全面发展、优化教与学的价值所在，必须被"应用"。在马丁·海德格尔的技术哲学中，这正是技术"去蔽"方式的体现。从现象学的角度来看，根本不存在所谓的现代教育技术"本身"，现代教育技术仅存在于某种应用的情境里，只有被"应用"，才能将其"此在"展现为"所是"。可见，应用才是现代教育技术的生命力之体现，离开了应用，现代教育技术对于教育而言，只是一种毫无意义的虚构和摆设。因此，对现代教育技术的理解离不开对其应用的剖析，这正是本书将"现代教育技术应用"作为一个整体进行分析的原因所在。

现代教育技术应用是将现代技术的使用原则、方法、技巧、规律应用于教育教学情境中，不断优化教学、提高教育质量的过程。事实上，这种应用作为一种行为状态，本身没有善恶之分。当现代技术应用于教育活动中并给教育带来很大程度上的改造之后，人们逐渐意识到技术应用可能导致的人文关怀缺失、教育资源分配不均衡以及教学行为道德失范等伦理问题，表现出对现代技术的"控制忧虑"。如今，技术应用作为一种基本生活方式，不再仅仅是与理性和逻辑相关的范畴，同时也进入了伦理学的研究视域。换言之，一旦涉及技术应用的方式，以及这种方式对教育者、受教育者所造成的影响，现代教育技术应用就被赋予了某种伦理价值。正因如此，本书才得以从伦理学的视角对现代教育技术应用进行系统思考。

对现代教育技术应用进行伦理思考，就是将伦理学的人文向度引入现代技术的教育应用领域，运用伦理学的研究方法和理论资源，寻求应对现代技术应用引发的教育伦理问题的策略。现代教育技术应用的伦理思考主要包括以下内容：厘清现代教育技术应用与伦理的关系，论证对现代教育技术应用进行伦理研究的可行性；选择合适的伦理学理论及视角对现代教育技术应用进行人文分析，寻求现代教育技术应用的伦理应然诉求；总结现代教育技术应用的实然现状，寻求伦理实然与应然之间的差距；分析应然与实然之间存在差距的原因，提出应对建议。从研究内容可见，本书旨在对现代技术应用对教育的影响进行伦理学层面的理论辨析，进而给出某种操作性的指南或策略构想。本书包括以下内容。

绪论概述了现代教育技术应用伦理研究的兴起。围绕现代教育技术应用所引发的伦理问题、教育技术哲学的伦理转向等研究现实，论证了现代教育技术应用伦理研究的必要性和重要意义。同时，综述了国内外教育技术应用伦理研究现状，归纳和分析了存在的问题，并阐释了研究思路与研究意义。

第一章界定了现代教育技术应用的伦理内涵和特征。从现代教育技术的概念、属性特点和结构要素入手，将现代教育技术应用作为一个整体进行伦理分析，深入探讨了教育技术负荷伦理价值的理论依据，界定了现代教育技术应用的伦理内涵及所涉学科的关系。从技术伦理、教育伦理、应用伦理的角度厘清了教育技术伦理的本质特征，并揭示了其价值导向、规范调节、责任归属等显著功能。本章是本书理论研究的逻辑起点。

　　第二章确立了伦理审视现代教育技术应用的理论视角。立足我国教育实践，归纳了中国传统技术伦理思想中以道驭术、以人为本、经世致用的理念，探讨了马克思技术伦理思想中关于技术中介论、技术异化论、技术伦理观等内容，梳理了责任主体、责任对象、责任内容和责任策略等责任伦理的理论依据，并围绕教育伦理内涵、教育伦理关系、教学伦理特性，阐述了教育伦理思想的启示。本章是伦理内涵研究的延续，为后续的伦理规约及伦理策略提供了理论依据。

　　第三章论述了现代教育技术应用在应然层面的伦理规约。从目标、过程、结果三个方面分析了现代教育技术应用的伦理诉求。在应用目标上应体现教育性、规范性、责任性等要求；在应用过程中应确保在教学目标设定、教学媒体选择、师生关系协调、教学内容呈现等方面体现伦理约束；在应用结果上应使用规范伦理学的相关方法进行评价，体现动机"善"、过程"善"、效果"善"三者的统一。本章呼应了伦理现实问题，为伦理实然分析做了铺垫。

　　第四章梳理了现代教育技术应用面临的伦理困境。围绕教育数字资源共享、课堂教学媒体应用、网络教育交往这三种典型应用情境，系统分析其中存在的电子书包应用争议、教育数字鸿沟、教学媒体依赖、教学泛娱乐化、教育虚拟社区交往道德失范等伦理难题的表现形式、主要特征及应对思路。本章依照伦理规约的指引，为分析伦理应然与伦理实然之间的差距提供了现实依据。

　　第五章分析了现代教育技术应用伦理问题的产生原因及应对方法。分别从技术哲学和政治哲学的视角，阐述了现代教育技术应用的基本内涵、伦理特性、政治含义，并对已有的哲学研究内容及观点进行系统分析，提出批判与超越的基本思路。同时，针对"泛伦理化"的研究趋向，提出识别和判定现代教育技术应用伦理问题的一般方法及理论依据。本章从理论分析层面回应伦理现实问题。

第六章讨论了现代教育技术应用的伦理策略及保障方案。从制度伦理和德性伦理的视角，阐释了伦理策略的两个基本维度，并从伦理预设和伦理共同体的建立这两个角度描述了伦理策略的主要内容。同时基于技术伦理教育、信息伦理教育的视角，探讨了实现伦理保障的基本途径。本章从实践策略层面回应伦理现实问题。

第七章讨论了现代教育技术应用伦理的现实观照。有了伦理规范作为支点、伦理策略作为支撑之后，即可为现代教育技术应用的具体伦理问题提供分析依据和实践方案。通过伦理审视的视角与方法，系统考察了大数据技术和人工智能技术在教育中的应用现状，分析了教育数据的伦理内涵及伦理治理路径，探寻了人工智能教育应用的伦理表征及伦理规范制定思路。本章遵循现代教育技术应用的伦理研究范式，为开启以大数据、人工智能为技术支撑的教育应用伦理研究作出了尝试。

需要指出的是，本书所进行的探讨，并非为现代教育技术应用伦理建构一个完整的理论体系，而是以问题探讨为主。可以看到，现代教育技术应用是伦理问题的"富矿"和伦理研究的"实验室"，必将为应用伦理学研究增添新的内容。

如此，全书围绕为什么要开展现代教育技术应用伦理研究、现代教育技术应用内蕴哪些伦理价值、有哪些伦理视角可供选择、伦理应然如何体现、现实中存在哪些伦理困境、应对伦理实然困境的具体保障策略有哪些、伦理研究如何观照具体形态的现代教育技术应用现实等基本问题依次展开。因本书是基于伦理学视角对现代教育技术应用进行理论分析，故理论思辨是核心工程，这种思辨涉及技术哲学、教育哲学、技术伦理学、教育伦理学、教育技术学、道德教育、思想政治教育等多学科领域，是关乎教育本身内涵拓展的系统工程。

综上所述，现代教育技术应用不只是一个技术问题，更是一个教育问题。在技术层面，它不可避免地走向技术哲学，而技术哲学的伦理学转向又将其指向技术伦理学的研究方向上。作为教育问题，它又必须符合教育的发展规律，因而必然受到教育哲学的滋养。教育伦理学对教育的伦理精神、伦理关系等方面的哲学探讨，为教育技术的应用提供了伦理研究的思路。然而，国内外相关研究尚未形成系统架构，对"教育技术伦理"的关注程度远不及对"网络伦理""信息伦理""计算机伦理"的关注度，部分研究将"技术伦理教育"错误地等同于"教育技术伦理"。随着技术的不断发展，技术应用带给教育的影响越来越大，教育必然要正视这一现实。所以，无论是技术研究的视角，还是教育研究的视角，现代教育技术应用的伦理研究都是当前时代的前沿课题。

不仅如此，我国关于现代教育技术应用的研究，大都是从技术操作的层面关注具体应用形式，散见于管理科学、信息科学等研究领域，系统的理论分析并不多见。这些研究表现出重工具使用而轻人文关怀的价值倾向。而本书主要以教育伦理学和技术伦理学为思想来源，立足中国传统技术伦理思想、马克思技术伦理思想、责任伦理思想和教育伦理思想，尝试对现代教育技术应用进行系统的伦理研究，不仅分析了其伦理应然诉求，而且考察了它的伦理实然状态，并对应然与实然之间的差距给予归因分析和相应的对策构想。同时，本书立足教育现实，对几种典型的现代教育技术应用情境（如网络教学、高校课堂教学等）进行了具体的伦理分析，使得研究视角、研究内容和研究方法都不同于前人对现代教育技术应用的探讨。这正是本书的创新之处。

总而言之，本书在彰显现代教育技术应用的人文特性、弥补现代教育技术伦理研究缺失、丰富应用伦理研究内容等方面，具有突出的价值。

绪　论

在当今教育数字化转型背景下，如何把握好技术应用在教学活动中的"度"，使技术更好地为教育服务，需要人们系统而全面地思考。这看似是一个技术操作问题，然而细细琢磨，类似"有效性""更好""应该"等字眼却更具有伦理规范讨论的意义。那么，是否可以借助伦理学的理论与方法对现代教育技术应用进行系统而全面的研究？本章通过透视现代教育技术应用的伦理研究缘由，评述国内外相关研究现状，以明确现代教育技术应用伦理研究的必要性及可行性。

第一节　现代教育技术应用的伦理研究缘由

当前，有三个主要因素促使对现代教育技术应用进行伦理思考成为一种必要。第一，当前教育面临被技术异化的困境，这是技术时代的社会难题在教育领域中的凸显，需要伦理反思。第二，现代教育技术应用中存在一定的道德失范现象，这是教育现代化进程中遇到的实践难题，需要伦理学的人文观照。第三，技术伦理作为应用伦理学研究的热点，同时也是技术哲学研究的一个新转向，为现代教育技术应用提供了伦理研究的土壤，促使教育技术伦理研究成为教育技术理论研究的一个必然发展趋势。

一、当前教育面临被技术异化的困境

当今时代是一个技术化的时代。技术已经融入人们的生活，逐渐改变人们的思考方式、行为准则和生活习惯，同时也对教育活动产生了巨大的影响。在信息化、技术化的背景下，教育领域逐渐接受了技术的合理性身份。有学者指出，从当前教育领域中技术应用的现状来看，技术"进入"教学的方式，大体经历了技术"塞入"教学、技术"加入"教学、技术"嵌入"教学、技术"融入"教学这四种状态。技术与教育的关系依次呈现出技术点缀教育、技术辅助教育、技术支撑教育、技术控制教育的特点。① 技术在教育领域的角色逐渐从辅助或改善教育活动转变为支撑或改造教育活动的重要理念手段。换句话说，技术不再只是作为服务者存在，而是逐渐成为控制者。人们对技术的信任度逐渐提高，不再仅仅关注技术的工具性。然而，由于技术过度使用，一些不良教育现象开始出现，这使教育表现出对技术投降的态势，类似技术垄断的现象也随之出现。

美国著名媒体文化研究者尼尔·波兹曼将"技术对我们今天的世界和生活所实行的独特控制"定义为"技术垄断"。② 当技术融入教育时，就显现出技术对教育的控制与改造行为，也就是技术垄断教育的最初表现，具体有以下几点。第一，唯科学主义在教育中兴起。教育研究中的很多发现都需要冠以科学的名号才易于被认可。那些通过纯粹思辨而得的理论发现往往被忽视，教育研究工作趋向于追求科学认可，将科学视为权威。第二，文化符号逐渐萎缩。在图形、影像充斥的数字化时代，传统符号面临被解构的危险，文字正在失去其应有的光华。手写逐渐被键盘、语音输入替代，一些承载了大量传统文化信息的文字符号慢慢淡出人们的视线。第

① 参见吴康宁：《信息技术"进入"教学的四种类型》，《课程·教材·教法》2012 年第 2 期。
② 参见［美］尼尔·波兹曼：《技术垄断：文化向技术投降》，何道宽译，北京大学出版社 2007 年版，第 52 页。

三，传统的教育理念被替代。教育由强调人的发展转为强调人对技术应用的掌握，以更好地追求效益和利益。不可否认，技术应用得当可以激发教与学的兴趣，但技术所推崇的效率和节省力气的偏见却使师生忽略了对重要概念的理解，忽视了对理性思考的锻炼，淡化了增强学生责任意识和道德情感的教育目标。在追求技术应用带来的教育效果时，程序操作掩饰了价值判断，导致人们忽略对问题进行伦理考量，容易相信"凡是技术可以操作的都应该是可行的"，对技术带给教与学的影响却少作思索或避而不谈。教育因此走向了被技术垄断的危险境地，面临被技术异化的困境。

（一）教育不公平的加剧

随着技术的不断进步，有人试图证明现代技术在教育中的应用有助于解决教育公平问题，并认为推广教育技术将会推动教育走向民主化，使教育机会更加均等。众所周知，现代教育技术往往通过网络通信等技术手段努力实现一种自由、平等的教学关系。例如，数字化学习（E-Learning）可以打破教育的界限，便于师生、生生之间追求直接而有效的交流，可以快速、便捷地获得教育资源。但是，这并不能说明现代教育技术应用具有决定性作用。技术价值的双面性提醒我们，现代教育技术既可以为削减教育不公平提供有利条件，也可能加剧不公平：一方面促进了教育信息的共享，另一方面也加剧了信息迷航、数字鸿沟的存在；一方面有利于教育全民化、终身化，另一方面又强化了知识的集权，在一定程度上阻碍了教育公平的实现。

（二）教育人文关怀的缺失

教育的目的是促进人的全面发展。由于信息技术在教育领域的不断渗透，现代技术手段逐渐成为教育变革的重要支柱。这在一定程度上造成了人们对于教育中技术因素的肯定与追随，而淡漠了教育中人文因素的重要性，使得"人文关怀的价值理性让位于技术手段的工具理性"的不良趋势日益凸显。第一，教育呈现机械化趋向。现代教育技术应用使得原本灵活多样的教学活动被简化为单一的认知行为，其中的情感交流等成分逐渐流失。教学作为一种生命活动的表征不断受到技术应用的挤压，从而形成一种机械而沉闷的教学模式。"这样的教学模式，导致师生的生命力在课堂活动中得不到充分的发挥。"①这样的教育技术应用只追求信息传递的效率，导致教育模式机械化。第二，教育呈现物化倾向。在教育形式上，过于注重教育的软硬件设备建设，忽视了师生信息素养的提升，以致出现教育被物化为一堆数字化技术工具、一间智慧教室、一台智能教学设备等物资设备的现象。在教育本质上，过分强调技术要素使得教育的物化指向了人的物化，体现为教育的功利化倾向，将受教育者视为"物"而非"人"。在现代技术文明社会中，由于工具主义的盛行，容易给人们的教育传递物质主义、客观化的世界观，学校成为物化人性再生产的机构，加剧了时代的物欲症。②第三，教育呈现产业化倾向。现代技术应用提高了教育效率，似乎教育的大规模产出就是其最终目的。在这种产业化思想的引领下，学校容易演化为工业化的"加工车间"，忽略学生的个性化特征，把教育的目的异化为用统一化、集约化的教学程序最大可能地输出尽可能多的合格产品（毕业生）。而这显然与教育现代化目标不符。

（三）师生关系的冷漠化

在现代教育环境中，由于多种教学媒体工具的存在及应用，人与人之间的面对面交流可能性降低。取而代之的是人与物（教学媒体）的直接交互。面谈中特有的人情味儿、情感热度逐渐流失，这容易引起心灵上的阻碍与隔阂，导致人的情感被遮蔽。例如，在多媒体课堂教学环境中，原本

---

① 叶澜：《让课堂焕发出生命的活力——论中小学教学改革的深化》，《教育研究》1997年第9期。

② 参见高德胜：《道德教育的时代遭遇》，教育科学出版社2008年版，第124页。

的"教师—学生"关系变成了"教师—机器—学生",这在时空上容易限制师生之间的对话。尤其在网络教学环境中,由于现代技术传输的只是简单的数字信息,难以传达教师的情感、态度、价值观,更无法形象地表现教师的肢体语言和表情。在这种情况下,教学过程强调知识传递,师生的情感表达被隐匿于数字化教学课件之中,学生逐渐成为没有"感情色彩"的信息接收者。可见,技术在提供便捷的交流方式的同时,也在一定程度上增加了人们的心理距离,导致师生关系越来越冷漠。

以上困境的出现,主要与人们对技术的盲目信任与追捧、对技术的不当或过分使用密切相关。同时,相关伦理与法律规范体系的不够健全,以及技术理性逐渐超越价值理性的社会文化环境的影响,进一步加剧了类似危机的出现。当教育面临被技术异化的危险时,这样一个问题就摆在了人们面前:现代技术应该为教育带来怎样的"善"?这需要从伦理学相关理论中寻找答案。

二、现代教育技术应用中存在道德失范现象

在教育领域,有一门与技术密切相关的学科——教育技术学,它专门研究教育与技术之间的关系,并探讨如何应用技术来优化教育。一直以来,教育技术学被坚持认为是"姓教"而不"姓电",它追求的不是教育的技术化,而是教育的最优化。换言之,现代教育技术应该关注的是如何优化教育,确保技术为教育服务,而不是使教育机械化、技术化。当前,现代教育技术为教育教学方法、工具、资源等方面带来了革新,打破了传统教育条件的限制,扩展了教学主体的自由度,使教育更加人性化。这些都是现代教育技术所具有的积极道德效应。

然而,随着技术应用的不断深入,在教育技术领域从事工作的人们普遍对技术表现出推崇和乐观的态度,往往过于轻易地对技术产生理所当然

的信任，认为高科技就是权威。例如，在谈及技术在教育中的应用时，人们容易轻信，并习惯性地对掌握新技术者表现出敬畏之心，过分关注技术带来的新鲜感和刺激，理所当然地认为现代技术可以实现教育的现代化，在尚未弄清楚学习发生机制和教育发展规律之前，竞相试验新技术对教育教学产生的效果。然而，事实上，信息技术等现代技术为教育活动注入新鲜活力的同时，也带来了信息污染、知识过量、隐私泄露、文化"霸权"、知识产权被侵犯等现实问题。人们在享受技术发展带来的丰富多彩的教育环境的同时，也面临着道德失灵问题的困扰，一些道德失范现象呼之欲出。

有学者认为，道德失范是这样一种状态：在新的生活环境产生之初，由于原有道德规范逐渐丧失生命力，人们的行为举止缺少适合的道德规范的规约与指引，而处于一种规范的真空或规范的冲突之中，是道德危机的表现。[①] 在信息化教育过程中，这种道德失范现象主要表现在：第一，知识过量。由于互联网技术强大的展示和传递功能，教学信息量大幅度增加，导致学习者容易出现疲劳、厌烦、焦虑的情况，失去学习兴趣。第二，道德情感缺失。技术的应用改变了原有的教育秩序，原本用于看黑板、看书、写字的时间被切割，而用于操作技术的时间大大增加。空间上，技术的应用阻隔了师生之间面对面的交流，人与人、人与物、人与自我的交流开始多样化、自由化，容易造成情感上的隔离和疏远。第三，人格异化。教育手段的不断技术化，忽视了"人"这一主体，阻滞了师生的思维发展，造成人被自己的创造物所控制，导致价值判断标准失衡，使人沦为被技术压抑和制约的对象。第四，信息污染。网络的开放性、交互性和匿名性使得虚假信息获得了巨大的传播空间。垃圾信息散布于网络的各个角落，造成了信息的污染，危及学生的身心健康。第五，文化"霸权"。

---

① 参见武经纬等：《经济人·道德人·全面发展的社会人——市场经济的体制创新与伦理困惑》，人民出版社 2002 年版，第 151 页。

在信息时代，文化的传播速度得到了前所未有的提升，一种文化广为传播，很容易成为主流文化，进而影响其他文化，逐渐形成一种文化控制另一种文化的局面，文化"霸权"现象凸显。第六，隐私泄露。在商业利益的驱使下，学生、教师、家长等个人信息容易被当作商品售卖，个人隐私权受到严重侵害。第七，知识产权保护难度大。在数字环境下，知识载体可以被大量地复制，智力产品面临着被随意复制和盗版的风险。教师的课件、教案、论文等知识产品的权益容易受到侵犯。

以上这些道德失范现象使人们开始对教育进行问责，希望通过教育的自净能力来抵制这些现象。事实上，教育具有超越性。所谓超越性，是指教育在面向未来时所具备的未来指导力量。正如教育家鲁洁先生所言："道德所反映不是实是而是应是。当人们面对科技带来的困境并开始反思时，道德开始萌发，人们开始把目光聚向道德、道德教育，从而使道德教育从遮蔽中完成超越、走向复兴。道德教育是一种超越物质主义的力量。"① 因此，道德教育的使命之一是帮助人们寻求一种能够驾驭科学技术、驾驭物质、驾驭经济发展的精神力量。道德教育的目的是培养人的德性，也就是培养人在社会上安身立命的理想人格。然而，在个人主义、享乐主义、拜金主义、流俗主义盛行的现代社会中，人们在文化精神、道德、价值、意义上的迷失导致了道德失范现象的不断加剧，也进一步增加了道德教育工作的难度，迫使道德教育在目标、内容、方法上有所改善并与时俱进。信息技术在带给人们新困扰的同时，也促使道德教育立足这些现实问题，为人们指明一条可行的发展道路。在面对教育技术应用带来的道德失范难题时，道德教育应该引导人们反思技术应用理念的合理性、技术操作规范的道德性，引导人们充分认识现代教育技术的先进性及其所代表的文明与进步。然而，在当前数字化的生存空间里，道德教育面临着前所未有的挑战，也削弱了自身对技术关注的责任

---

① 鲁洁：《道德教育：一种超越》，《中国教育学刊》1994 年第 6 期。

意识,未能很好践行其超越性的使命。事实上,有很大一部分研究者尚未意识到技术应用带来的伦理问题,或者已经意识到却未能重视伦理困境可能产生的"恶果"。要唤醒教育技术应用人员的道德意识,就必须借助道德教育的方式来加强技术伦理、信息素养等方面的教育。面对现代技术应用给教育伦理带来的困境,道德教育应该紧随时代脉动,把握信息伦理的相关议题,抓住新的契机,追求自身的超越性。

三、教育技术伦理成为研究热点

近年来,关于教育技术的哲学思考成为了教育研究的热点。从研究现状来看,技术哲学一直都是教育技术哲学研究的重要理论"土壤",许多关于教育技术学的研究成果,都是从技术哲学中汲取和拓展出来的。从马克思到马尔库塞、哈贝马斯为代表的法兰克福学派,再到海德格尔、伊德、芬伯格,哲学家们对技术的研究经历了从技术本质论到技术反本质论,从技术中性论到技术价值负荷说,从技术乐观主义到技术悲观主义,从技术批判主义到技术合理性解释的变化,这些变化直接影响了当代教育技术哲学研究的发展方向。

然而,技术与伦理学却通常被认为是两个相互排斥的学科领域。由于伦理学长期以来没有对技术给予足够的重视,这导致科技工作者和一般技术消费者普遍忽视技术伦理问题,甚至抵触相关的讨论。直至20世纪,随着技术哲学的兴起,人们对技术的反思与批判逐渐达成共识,应用伦理研究才被技术哲学领域所关注。技术哲学从以往的技术批判,走向伦理探索的理论转型,技术伦理问题逐渐成为伦理学研究的热点问题。[①] 这正是技术

---

① 参见李三虎:《十字路口的道德抉择:马克思的技术伦理思想研究》,广州出版社2006年版,第3—4页。

哲学的伦理学转向带给现代教育技术哲学研究的新方向，即技术伦理学。

　　技术伦理学是在应用伦理学的基础上发展起来的一门新学科。实际上，人们从伦理学的视角对技术产生广泛关注，是在现代技术给人类社会生活带来全面冲击之后才开始的。技术发展具有双重可能性，既可以造福人类，也可能对人类造成危害。任何一个有良知的科技工作者和公民都有责任阻止新技术向恶的方向发展。人们无法依靠自身的力量使技术为善的作用都能实现而把作恶的作用予以消除，于是怀着焦虑不安的道义心理，把传统伦理学扩大到各个具体的技术领域，促进了现代伦理学的发展。现代伦理学与传统伦理学不同，已经开始关注技术问题（如信息技术、基因技术等），将技术问题囊括在伦理学的研究范畴。[①]现代伦理学对技术的关注，为解决技术问题指明了方向。因此，现代教育技术应用过程中出现的伦理问题完全可以诉求于伦理学。此外，教育技术伦理研究不仅丰富了伦理学的研究范畴，还为教育技术学的理论研究提供了新的方向。

　　从学科的角度来看，教育伦理与技术伦理都是应用伦理的分支，两者的交集构成教育技术伦理的研究范畴（详见图1-1）。此外，教育技术伦

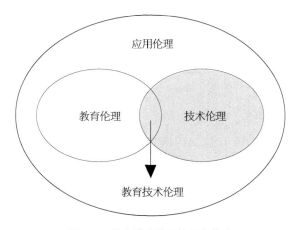

图1-1　教育技术伦理的研究范畴

[①]　参见李三虎：《十字路口的道德抉择：马克思的技术伦理思想研究》，广州出版社2006年版，第6—7页。

理也是教育、伦理、技术三个领域在研究内容上的重合。

从学科划分来看，教育伦理学作为教育哲学的二级知识分类，享有哲学的普遍方法论。同理，技术伦理学是技术哲学研究的一个分支，而教育技术伦理属于教育伦理学与技术伦理学的交叉领域。而教育技术的哲学研究要想与技术哲学的伦理学转向这一研究趋势保持一致，尚有一段距离需要追赶。这在一定程度上阻碍了教育技术接受伦理学相关理论的指导，也将相关伦理学理论挡在了教育技术的"门外"。可以说，无论是技术伦理学还是教育伦理学都对教育技术具有重要的伦理规约价值。如果说技术伦理学更多的是对教育技术的技术成分进行规约，那么，教育伦理学则主要关注教育技术本身的教育价值的发挥。教育技术伦理与其他学科的关系详见图 1-2。

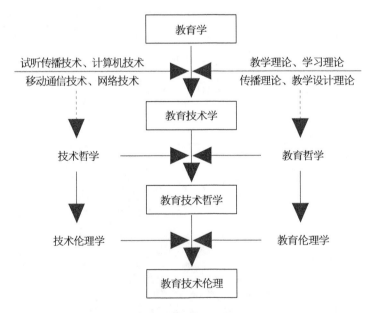

图 1-2　教育技术伦理与其他学科的关系

关于教育技术伦理的研究，目前尚未形成一个完整的体系。究其原因，主要有三点：第一，教育技术学作为教育学的二级学科，是一门相对而言"入门"较晚的学科，未得到教育学足够的"养料"与重视。第二，教育技术本身的性质决定了其内含技术的典型特征，往往被定位为辅助教学的工具，这助长了技术理性的主导作用，压抑了人文层面的诉求。第三，教育伦理学的发展还有待成熟，其研究领域还有待进一步拓展。尽管教师职业道德规范一直是教育伦理学关注的重点，但是，在教师职业道德的相关内容中，对教育技术工作人员和教师作为教育技术应用人员所应具备的道德要求仍缺乏足够的关注。只有将教育技术应用的道德规范囊括在教育伦理学的理论体系中，教育伦理的完整性与系统性才能得到真正的体现。

当前技术哲学的伦理学转向启示我们，对教育技术伦理内涵的理解，大致有两种思路可以借鉴：第一，教育技术伦理是伦理对教育技术的人文关怀，是关于教育技术的伦理，对以教育技术为手段引发的人与人、人与教育等伦理问题进行研究；第二，教育技术伦理是教育技术对其所引发的伦理问题的技术关怀，这与教育技术的发展和应用紧密相关。除此之外，内含于教育技术本质中的以人为本、责任、公平等伦理向度在教育技术的目标、过程、结果等环节中如何发挥出来，也是教育技术伦理需要关注的重要问题。如此一来，我们才能够确保教育技术在应用过程中实现动机"善"、过程"善"和效果"善"的统一。由此可见，以教育伦理和技术伦理为分析框架的教育技术伦理，旨在调和不同教育技术主体因价值冲突引起的理念矛盾，指导人们理性评价教育技术实践中的道德问题，对有争议的事实或价值作出逻辑论证，从而解决相关伦理问题。教育技术学科应该积极地从技术伦理学和教育伦理学中汲取养分，深入理解教育技术的伦理内涵，关注教育技术应用对于教育生存状态的影响，通过伦理学方法进行人文关怀，从而达到规范教育技术应用的目的。

总之，技术异化带来的教育危机和现代教育技术应用中的道德失范现象，以及技术哲学的伦理学转向和伦理学对技术的特殊观照，使得对现代教育技术应用进行伦理审视成为必然。

第二节　现代教育技术应用的伦理研究现状

对现代教育技术应用进行伦理研究，既是一个理论问题，又是一个实践问题；不仅是一个教育问题，还是一个哲学问题；这不仅仅是中国的问题，而是全球共同面临的问题。虽然目前专门针对此话题的研究并不多见，但是技术哲学、教育学、伦理学等学科领域中零散的相关资料为我们开展这项研究提供了基础与启示。

一、国外研究现状

一些教育技术发展较快的国家对教育技术应用实践进行伦理层面的研究也起步较早。1992 年，美国学者开始关注现代教育技术的过分使用或误用对美国核心价值体系的挑战，讨论现代教育技术应用中的具体伦理问题及其诱因，呼吁国家制定相关法律、政策、道德规范来应对这些伦理问题。① 美国教育传播与技术协会（AECT）特地成立了行业道德委员会，详细制订了教育传播技术的行业道德准则。该准则以个人、社会、行业为具体的责任对象，明确规定了教育技术应用的道德规范，该协会还在2004 年修订教育技术的概念，首次将其定义为伦理实践，这充分体现了对教育技术应用过程中伦理道德层面的重视。

在 AECT 的带领下，20 世纪 90 年代，已经有学者从哲学、社会学的

---

① Jay Sivin & Ellen Bialo. *Ethical Use of Information Technologies in Education: Important Issues for America's Schools*. Washington D. C.: National Institute of Justice, 1992, pp.1−2.

角度对教育技术实践进行反思与批判。例如，有学者专门指出教育技术在社会中的伦理地位，并试图通过后现代主义理论和人本主义教育思想来发展一种教育技术道德意识;① 另外一些学者对 AECT 的道德准则进行研究，主张从技术素养、协同合作等方面制定技术授权的道德规范;② 还有学者倡导要负责任地使用传播媒介学习，并从 AECT 提出的教育技术职业规范出发，呼吁 AECT 组织成员积极引导学习者负责任地使用传播媒体进行学习和完成其他社会事务。③

　　进入 21 世纪，国外对教育技术的伦理研究越来越深入，除了遵循 AECT 的研究思路，还对教育技术伦理的内涵及教育技术应用实践进行了多维度的分析。2005 年，西班牙学者指出，为确保教育技术与传播方式的适当应用，需要对其进行伦理审视。④ 该研究用"教育技术伦理"的概念来描述教育技术与伦理的关系，认为教育技术伦理有两层含义，分别是：技术伦理作为一种目标和技术伦理作为一种方法。美国当代技术哲学家芬伯格从马尔库塞的技术伦理思想出发，分析了计算机技术设计的两重性和现代技术应用中的误区，提出运用技术的社会建构理论来解决现代技术应用的困境，指出技术应用与教育必须抵御工具理性超越价值理性的危险。⑤ 媒体文化研究者波兹曼在其"媒介批判三部曲"之一《技术垄断：文化向技术投降》一书中，面对教育中的技术垄断，谴责唯科学主义，为

---

① Andrew R. J. Yeaman, "Critical Theory, Cultural Analysis, and the Ethics of Educational Technology as Social Responsibility", *Educational Technology*, Vol.34, No.2（Feb. 1994）, pp.5–13.

② Jane Anderson, "The Rite of Right or the Right of Rite: Moving toward an Ethics of Technological Empowerment", *Educational Technology*, Vol.34, No.2（Feb. 1994）, pp.29–34.

③ Andrew R. J. Yeaman, "On the Responsible Use of Communication Media for Learning", *TechTrends: Linking Research and Practice to Improve Learning*, Vol.53, No.6（Nov. 2009）, pp.20–21.

④ Pilar Cortes Pascual, "Educational Technoethics: As a Means to an End", *Aace Journal*, Vol.13, No.1（Jan. 2005）, pp.73–90.

⑤ 参见［美］安德鲁·芬伯格：《技术批判理论》，韩连庆等译，北京大学出版社 2005 年版，第 151—166 页。

传统符号的耗竭扼腕痛惜，号召人们以强烈的道德关怀和博爱之心去抵抗技术垄断，并从电视、电脑对教育教学的影响出发，指出学校教育最重要的贡献是给学生的学习提供连贯的意识，认为教育的失败并不是由于它不传授知识，而是因为它缺乏道德、社会或思想的核心。[①] 还有学者通过访谈调查确定，最为突出的教育技术伦理问题涉及版权、学习者隐私、信息获取的可及性。[②] 与此同时，工程技术教育领域对伦理的关注，为教育技术伦理研究提供了有益思路。例如，有学者讨论了大众以不加批判的态度对待技术加剧了技术伦理风险，[③] 有的学者从技术教育与非技术教育的区别说明了道德哲学的重要作用，[④] 有的学者分析了工程教育领域伦理意识和批判性思维的重要性，[⑤] 还有学者对工程伦理教育的社会技术取向进行了多层次审视。[⑥]

当前，在大数据、人工智能等新兴技术广泛应用的背景下，越来越

---

① 参见［美］尼尔·波兹曼：《技术垄断：文化向技术投降》，何道宽译，北京大学出版社 2009 年版，译者前言第 5—12 页。

② Hong Lin, "The Ethics of Instructional Technology: Issues and Coping Strategies Experienced by Professional Technologists in Design and Training Situations in Higher Education", *Educational Technology Research & Development*, Vol.55, No.5（Oct. 2007）, pp. 411−437.

③ Alireza Sayadmansour & Mehdi Nassaji, "Educational Technology Along with the Uncritical Mass Versus Ethics", *British Journal of Educational Studies*, Vol.61, No.3（Mar. 2013）, pp.289−300.

④ Viktor Gardelli, Eva Alerby & Anders Persson, "Why Philosophical Ethics in School: Implications for Education in Technology and in General", *Ethics & Education*, Vol.9, No.1（Jan. 2014）, pp.16−28.

⑤ Manuel Castro & Elio Sancristobal, "From Technology Enhanced Learning to Ethics and Critical Thinking as Part of the Engineering Education: Skill Driven with Humanities Comprehension Editorial", *International Journal of Engineering Pedagogy*, Vol.10, No.1（Jan. 2020）, pp.4−6.

⑥ Diana Adela Martin, Eddie Conlon & Brian Bowe, "A Multi−level Review of Engineering Ethics Education: Towards a Socio−technical Orientation of Engineering Education for Ethics", Science and Engineering Ethics, Vol.27, No.5（Oct. 2021）, pp.1−38.

多的伦理问题被重点关注，这对教育技术伦理研究具有重要启示。例如，当代信息伦理学家奎因从伦理学的角度，通过对多种可行的伦理学理论进行比较，系统阐述了信息技术带来的网络成瘾、知识产权、信息泄露、数字鸿沟、隐私保护等现实问题，引导人们从多种伦理视角对伦理问题进行深入剖析，增强对技术应用行为的责任感和使命感。[①] 还有学者关注了大数据伦理问题，围绕身份、隐私、所有权与名誉四个要素分析了伦理决策方法，[②] 对教育大数据伦理研究具有一定启示。另有学者面对人机共生的深度智能化时代的到来，系统探讨了机器人在道德、情感、人格、行为主体和能动性等层面引发的价值悖论和伦理冲突，为教育人工智能伦理研究提供了机器人学、责任伦理学与元伦理学的研究视角。[③]

综上所述，国外关于教育技术及其应用的伦理研究在内容上主要集中在以下几个方面。

第一，从职业道德的角度出发，把教育技术伦理定义为教育技术工作者在技术活动中表现出来的职业道德规范。例如，AECT 一直以来比较关注教育技术领域的职业道德规范问题。该组织及其麾下的学者在教育技术伦理层面的研究大都基于此，主要探讨教育技术专业人员对个人、社会、行业层面上应当承担的责任，以及如何加强道德约束力以规范教育技术实践活动，从而不断提高教育技术从业人员的社会地位和职业认同感等。

第二，从教育技术与伦理道德的关系出发，认为开展教育技术伦理研

[①]　参见［美］迈克尔·J. 奎因：《互联网伦理：信息时代的道德重构》，王益民译，电子工业出版社 2016 年版，第 68、132、146、204、256、443 页。

[②]　参见［美］科德·戴维斯等：《大数据伦理：平衡风险与创新》，赵亮等译，东北大学出版社 2016 年版，第 15—25 页。

[③]　参见［美］帕特里克·林等：《机器人伦理学》，人民邮电出版社 2021 年版，第 35—56 页。

究的目的在于引导人们运用伦理原则和规范来调节教育技术活动，以优化教育的价值观念体系和道德实践活动。作为一种道德学说，教育技术伦理对教育技术应用进行了道德研究；作为一种道德实践，教育技术伦理旨在确立教育技术发展的道德原则和实践主体的道德规范。教育技术伦理研究的主要内容包括教育技术伦理的基本理论和教育技术的道德实践等。

第三，从应用伦理学的角度出发，认为开展教育技术伦理研究是为了解决教育技术领域的伦理问题。针对教育技术应用中产生的现有法律法规无明确规定的问题，以及传统道德无法回答的问题，即技术应用与伦理要求的冲突、技术应用过程和结果对教育环境的影响等问题，可以通过教育技术自身的发展来解决，但如何应对仍需要伦理学给予指导。

同时，国外对教育技术应用伦理的研究也存在一定的不足，主要体现在"遗古"和"忘今"两个方面。国外教育技术伦理研究尚未系统梳理伦理学发展历史在教育技术应用中的反应，以及对当代教育技术伦理研究的启示。同时，当前国外一些重要的社会思潮和哲学思想也未曾从技术伦理的角度考察教育，例如，建构主义教育思想、人本主义教育思想、存在主义哲学、跨文化教育等方面的研究几乎均未涉及教育技术伦理研究。

二、国内研究现状

在国内，与现代教育技术应用伦理最为相近的"教育技术伦理"这一概念是在 2011 年开始使用的。有研究者指出，教育技术伦理是教育伦理与技术伦理的交叉内容，在学科分类上隶属于教育技术学的哲学研究范畴。[①] 也有学者在论证教育技术的伦理意蕴和教育技术合伦理发展路径中

---

① 参见张家年、李怀龙、李晓岩：《伦理学视野中的网络教育伦理初探》，《开放教育研究》2011 年第 4 期。

指出了教育技术蕴含的伦理特性。① 还有学者借鉴了 AECT 的相关研究成果，从教育技术从业者必须遵守的基本道德准则出发，提出教育技术伦理研究的客观必要性。② 这些探讨开启了我国教育技术伦理相关研究，为教育技术应用实践提供了一定的伦理指导。

进入教育信息化 2.0 时代，随着大数据、云计算等新技术深度应用于教育，诸多学者探讨了教育大数据、人工智能、元宇宙、ChatGPT 等新兴教育技术应用的伦理问题。例如，有人基于芬伯格工具化理论的视角分析了技术工具的合理运用所依据的伦理原则，并把伦理视作价值中介，强调其调节作用；③ 有人基于马克思技术批判理论和人的全面发展理论，分析了人工智能技术异化带来的人的异化和教育的异化等风险，强调技术走向成熟需要经历批判的过程；④ 有人基于本体论、认识论、价值论三重哲学视角，对智能教育的技术伦理问题进行本质还原，探寻智能教育伦理风险的原点逻辑和治理之道，强调依赖制度力量进行问责。⑤ 这些研究积极回应了信息技术与教育深度融合创新阶段现代教育技术应用所引发的突出伦理问题。

调查发现，近年来学界直接探讨"教育技术伦理"相关问题的著作尚少见，但令人欣喜的是，道德教育、科技哲学、思想政治教育等学科领域的博士学位论文出现了对现代技术应用的伦理探讨，如教育领域关于学

---

① 参见郑忠梅：《教育技术理性的伦理意蕴》，《中国电化教育》2011 年第 3 期。
② 参见梁林梅：《对教育技术专业人员职业道德规范建设的思考——美国 AECT 的工作及启示》，《开放教育研究》2007 年第 8 期。
③ 参见张务农：《现代教育技术工具与生活世界的关联及其伦理旨趣——基于芬伯格工具化理论的视角》，《现代远程教育研究》2019 年第 2 期。
④ 参见苏明、陈·巴特尔：《人工智能教育伦理的多维审视——基于马克思技术批判和人的全面发展理论》，《西南民族大学学报（人文社科版）》2019 年第 11 期。
⑤ 参见韦妙、何舟洋：《本体、认识与价值：智能教育的技术伦理风险隐忧与治理进路》，《现代远距离教育》2022 年第 1 期。

校道德教育体系建设①、教学伦理性重建②、教学决策伦理③、教师信息伦理素养④等的研究，思想政治教育领域关于网络交往视域中大学生思想政治教育问题⑤、大数据与高校思想政治教育创新问题⑥等的研究，以及科技哲学领域关于技术主体行为伦理⑦、技术伦理实现路径⑧、大数据伦理意识培育⑨、人工智能伦理维度⑩等的研究。由此可见，越来越多的研究者对现代技术问题产生浓烈兴趣，不断警醒人们意识到这些技术应用给教育带来的机遇与挑战，并从伦理层面分析原因、寻找对策。这种研究热度推动学术界形成了较为理性的认知态度，对推动我国教育技术伦理研究起到了重要作用。

我国教育技术领域的伦理研究起步于 1994 年，但一段时间内研究数量较少，2005 年以后，我国的研究者逐渐意识到教育技术伦理实践的重

---

① 参见陈垠亭：《教育现代化进程中学校德育体系问题研究》，博士学位论文，郑州大学马克思主义学院，2014 年，第 56 页。

② 参见朱文辉：《教学伦理性的后现代重建》，博士学位论文，西南大学教育学部，2014 年，第 83 页。

③ 参见凌鹏飞：《伦理视域下的教学决策研究》，博士学位论文，华中师范大学教育学院，2017 年，第 92 页。

④ 参见皇甫林晓：《教师信息伦理素养研究》，博士学位论文，华东师范大学教育学部，2021 年，第 227 页。

⑤ 参见黄静婧：《网络交往视域中大学生思想政治教育研究》，博士学位论文，广西师范大学马克思主义学院，2017 年，第 109 页。

⑥ 参见张瑞敏：《大数据背景下高校思想政治教育创新研究》，博士学位论文，华东师范大学马克思主义学院，2020 年，第 5 页。

⑦ 参见芦文龙：《技术主体的伦理行为：规范、失范及其应对》，博士学位论文，大连理工大学人文与社会科学学部，2014 年，第 25 页。

⑧ 参见贾璐萌：《技术伦理实现的内在路径研究》，博士学位论文，东北大学马克思主义学院，2018 年，第 62 页。

⑨ 参见田维琳：《大数据伦理意识及其培育研究》，博士学位论文，北京科技大学马克思主义学院，2020 年，第 87 页。

⑩ 参见徐延民：《人工智能技术的多维审视》，博士学位论文，上海财经大学人文学院，2021 年，第 125 页。

要性。相较国外相关研究，我国对教育技术伦理的研究呈现以下特点。

第一，对现代教育技术领域的道德问题进行了探索性研究，强调了对现代教育技术进行伦理研究的必要性。他们总结了教育技术领域出现的道德失范现象，并提出了一些相应的策略和建议。就研究者的分布而言，只有个别学者在不同时期发表了关于教育技术伦理方面的论文，长期关注教育技术伦理的学者并不多，研究队伍相对薄弱。

第二，由于起步较晚，与国外主要从伦理学的视角审视教育技术不同，我国学者从伦理学的角度展开系统论述的较少，相关研究比较零散，尚未建构起研究体系。一些学者在进行概念表述时呈现出闪烁其词的局面，往往过多谈论"网络伦理""信息伦理""计算机伦理"，而对"教育伦理""技术伦理"关注较少。另外，有些研究只顾一味追随 AECT 的研究风格，缺乏立足我国教育实际的鲜活感。

第三，一些研究存在"断言多于论证"的现象，导致"警觉一大片"，结果却"束手无策"，呈现"呼吁多"而"对策少"的无奈局面。一些研究者急于构建规范体系而忽视了对教育技术本真的追思，偏重对问题本身进行具体探讨，只见树木不见森林，尚未对教育技术应用中的伦理关系、伦理边界给予明确界定，而且对伦理原则的讨论也未达成共识，亟须系统的伦理剖析与策略建构。

纵观国内外已有研究，相关启示体现在以下三个方面。

（一）教育技术哲学研究开启了伦理学转向

从研究现状分析，国外对教育技术的讨论更具有"伦理"的色彩，强调教育技术伦理的人文关怀与技术关怀相统一。很多西方学者认为单纯地批判技术并不能令人心悦诚服，技术拥护者与技术批评者之间的争论已经让位于伦理规范的交流。而国内对教育技术的哲学探讨大多仍沿袭传统技术哲学的思路，未能意识到技术哲学研究的伦理学转向这一现实。教育技术哲学研究的伦理学转向是超越二元对立的价值批判，把研究力量集中在伦理规范的讨论上。我国教育技术哲学研究要跟上国外研究步伐，积极架起"伦理"之桥来连接教育目标与技术应用。

（二）教育技术伦理具有双重内涵

国外对教育技术伦理的研究，启示我们从两个角度对教育技术伦理进行哲学理解。第一种理解是伦理对教育技术的人文关怀，是关于教育技术的伦理，强调教育技术伦理学是技术伦理学的一个分支，研究以教育技术为中介手段引发的人与人、人与社会等伦理问题。第二种理解是教育技术对其所引发的伦理问题的技术关怀。这与教育技术的发展和应用紧密相关，例如，网络技术的应用带给教育直接或间接的后果在不同程度上对传统伦理观念提出了挑战，教育技术必须回答的问题是：它是否应该或在多大程度上应该对技术伦理后果承担责任。这个层面的教育技术伦理与其说是教育技术对自我的反思，不如说是教育技术对自我的辩护。教育技术本身就是一个不断解决问题的连续过程，教育技术发展的逻辑是它作为一种技术手段可以克服技术以外的一切障碍。因此，无论是伦理对教育技术的人文关怀还是教育技术对伦理的技术关怀，都是教育技术伦理这一概念的应有之义。

（三）教育技术伦理研究的方法与内容有待更新

国外较多采用实证研究的方法对教育技术实践中的道德伦理问题进行分析，并结合伦理理论，做到实证与思辨相统一，而我国相关研究缺少更深层次的实证分析。此外，国内对教育技术的伦理研究内容主要集中在职业道德规范上，未对教育技术应用的有效性及其伦理特性进行探讨，研究视角有待拓宽。我们迫切需要从理论上探讨教育技术与伦理道德的关系、分析教育技术应用的伦理诉求，明确教育技术伦理关系及应用边界，并积极借鉴应用伦理学的理论与方法，进行道德实践研究。相关人员应深切关怀教育技术的伦理实践，透析现代教育技术应用中效率与道德的互动与共生，进而制定切合实际的伦理对策。这或许是我国教育技术伦理研究的一条可行路径。

综上所述，尽管关于现代教育技术应用的伦理研究在教育技术伦理实践问题和职业道德规范方面取得了丰富的研究成果，并为教育领域具体技术应用问题提供了方向和建议，但现有研究成果大多数比较零散，也未把现代教育技术作为一个整体进行概念内涵、内容边界、策略保障等系统的伦理分析，难以为新兴教育技术的应用伦理问题提供解决方案。因此，本书在借鉴前人研究成果的基础上，聚焦"现代教育技术应用"这一整体概念，从系统伦理分析的视角，尝试提出伦理研究框架，以期为不同形式的现代教育技术应用提供伦理分析思路和应对的方法。

第三节　研究思路及研究意义

现代教育技术应用之"善"应该是什么，实际应用与"善"的距离有多远，为什么出现这种实然与应然之间的距离，这种距离可否缩短以及如何缩短，这些问题是本书关注的焦点，也决定了本书的研究思路。

一、研究思路

本书的重点是对现代教育技术应用问题进行伦理分析（应该是什么、实际是什么、为什么分析），并努力尝试"善的实现"（寻求缩短应然与实然之间距离的策略），从而系统阐释现代教育技术应用的伦理内涵、伦理理论视角、伦理规约、伦理困境、问题分析、伦理策略及现实观照等内容，依次对应第一章至第七章。研究思路如图1-3所示。

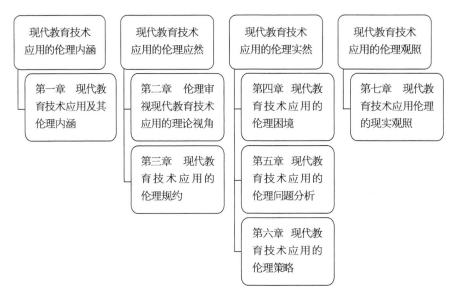

图1-3　研究思路

二、研究意义

本书的研究意义主要表现在以下两个方面。

（一）有助于警示人们关注技术应用带给教育的伦理问题

传统的教育技术基本上在应用阶段不会产生伦理问题，而以信息技术为代表的现代教育技术通常在研发和应用初期，就在不断地"创造"出各种新型的伦理交往和道德生活场景，成为教育治理的重点。现代技术为人们的生活、工作、学习等方面带来了前所未有的便利，因此人们对技术的前景无比期待。然而，作为社会的观察者和思考者的教育研究者们要清醒地认识到现代教育技术所负荷的道德价值，在承认其动力性的同时，绝不能忽视现代技术在教育应用中引发的一系列危机，尤其是伦理问题。伦理审视现代教育技术，可以寻找现代教育技术应用的伦理边界，总结伦理现实，理清其中的伦理关系，并借助道德教育手段来加强伦理教育，引领人们对现代教育技术应用进行道德评价，使人们在现代教育技术的研究、生产、分配和使用等一系列活动中，不仅考虑技术的教育性功能，而且要考虑其目的、手段和结果的正当性，用社会倡导的伦理标准来规范技术应用行为，以协调技术与教育、技术与人的伦理关系。

（二）有助于促进教育技术学学科发展

现代教育技术的发展与应用虽取得了很大进步，但关于道德规范的研究一直不被教育技术学领域重视。除此之外，由于该学科本身发展尚不成熟，其与教育学母体之间存在知识壁垒，而学科内部又自我膨胀严重，以至于该学科领域长期过于迷恋"技术支持"、崇尚"技术理性"，有时甚至为了谋求某种话语权，试图通过推动技术的进步来解决所有教育问题，以致出现一些不合理的行为方式。上述情况忽视了现代教育技术道德，对于学科发展是不利的。认识现代教育技术内在价值的合道德性体现，寻找现代教育技术应用所需要的道德秩序和规范，增强从事教育技术工作的道德认同感，是教育技术研究的重要使命。因此，对现代教育技术应用进行伦理审视，不仅可以弥补教育技术道德规范研究的空缺，而且能够从伦理学的视角对教育技术进行哲学追寻，这属于元研究的范畴，有利于充实教育技术学科的基本理论。尤其在人工智能、大数据、云计算、物联网等新兴技术不断融入现代教育技术的今天，伦理研究变得愈加必要。

总之，如果缺乏伦理学的辩护和论证，就难以确保现代教育技术应用目标的纯粹性，也无法制定出合理性的技术应用规范，更不可能对技术赋能教育创新进行有效的监管，对现代教育技术的前沿探索也会受到社会的质疑。只有进行伦理审视，才能提出更具针对性的现代教育技术应用规范。

第一章　现代教育技术应用及其伦理内涵

对现代教育技术"为何用""何以用"进行伦理探求，需要以"现代教育技术"与"应用"的内在关联、"现代教育技术应用"的内涵、"现代教育技术应用"与伦理的关系为基本出发点。因此，本章首先对"现代教育技术"的概念进行界定，追寻"现代教育技术"与"应用"的天然联结，对"现代教育技术应用"的定义、结构要素、影响因素进行总结，继而分析它的伦理价值，区分"伦理审视"与"道德审视"的含义。最后，论证"现代教育技术应用"成为"伦理审视"对象的可行性。

第一节　现代教育技术应用的含义

深入认识现代教育技术与应用的内在关联，需要从"现代教育技术"的基本概念出发。虽然对此概念进行全面而详尽的考辨并非本书关注的重点，但是欲为"审视"提供一个确定的对象与基础，仍需对其进行必要的界定。此处的界定既不对以往概念进行争辩，也不准备提出新的概念，而只是表明本书在何种意义上理解和使用该概念。

一、现代教育技术的概念界定

现代教育技术是一个合成词语。通过对现代、教育、技术等概念进行界定，可以寻得三者组合的基本含义。

现代，作为一个时间概念，在不同领域内的含义往往不同。在英语中，现代通常对应两个词，一个是具有近代的、现代的、现代风格的、新式的、现行的、时髦的含义；另一个则表示当代的或现时的状态。本书所提及的"现代"实际上是指自计算机网络媒体大规模进入教育领域以来的这段时间，其时间跨度大致为 20 世纪 80 年代至今。现代教育技术是近几十年出现的并应用于教育中的技术，与之对应的是传统教育技术。

教育，是一个众说纷纭的概念，莫衷一是。通常，在现代教育技术应用的情境中，教育被理解为是学校教育，即学校对儿童、青少年进行培养的过程，是促进学生全面发展的手段。本书选择的意义即基于此，聚焦学校教育，关注课堂教学，通过技术应用提升教育教学的质量，促进学生全面发展。

技术，同样是一个复杂的概念。关于"技术"的定义有很多，一般来说有广义与狭义之分。广义上的技术是指一切有效用的手段和方法。狭义上专指具体的技术及其操作方法。本书关注的技术覆盖物化部分（如各种机器设备等）和理念成分（操作这些物化技术的方法）。技术可以指物质，如机器、硬件或器皿，也可以包含更深层次的架构，如系统、组织方法和技巧。

"现代教育技术"作为一个由现代、教育、技术等概念合成的名词，由来已久。由起初的"电化教育"演变为今天的"现代教育技术"，该概念的内涵与外延也在不断发生变化。一般认为，现代教育技术应用主要是指通过应用信息技术手段来优化教育教学的过程。因主要讨论"现代技术在教育中的应用"，而非教育技术本身，且把现代教育技术与应用作为一个整体进行伦理思辨，故在本书看来，现代教育技术是指在当前教育教学中应用的现代技术手段和工具（如计算机、数字媒体、互联网、人工智能、虚拟仿真技术等），以及运用这些现代技术手段优化教育教学的方法的总和。该界定表明现代教育技术包含现代教育媒体（如计算机、互联网、数字产品、多媒体课件等）及其使用方法（如操作教学多媒体设备等硬件、使用 PPT 等软件的方法）两个方面。

二、应用是教育技术得以存在的关键

应用，是指一种技术、系统或产品的使用，有"适应需要、以供使用"的意思，一般可以等同于"使用"。有学者给出了"技术使用"的概念："使用者为了实现特定的目的，对蕴含着自然规律的技术，进行一定的操作、利用和发挥的活动。"① 从现象学的视角来看，技术只有在"应用"中，才能"是其所是"。故而，"应用"是技术的一种解蔽方式，可以将其理解为：只有通过人应用技术，才能将人自身的精神、价值附加或传递给技术。否则，技术就是毫无意义的虚构。技术只有通过应用，才能将其"此在"展现为"所是"。也就是说，技术应用使得"已经在此"的技术"自我显现"。因此，任何对技术的审视都离不开对其应用的观照。

现代教育技术，作为技术在教育领域的一种独特展现，也是如此。应用是现代教育技术得以存在的重要状态，通过人们的不断应用，现代教育技术才能够发挥优化教学、提高教育质量的价值。只有通过应用，才能使"已经在此"的现代教育技术"自我显现"为优化教学、促进学生发展的价值所在。可以说，应用才是现代教育技术的生命力所在，离开了应用，现代教育技术对于教育而言就是一些毫无用处的软硬件设备。现代教育技术与应用的内在关联正体现于此，二者具有天然的联结。

事实上，教育技术的发展无不渗透着技术的发展轨迹，尤其着重在技

---

① 陈多闻：《技术使用的哲学探究》，博士学位论文，东北大学马克思主义学院，2009 年，第 27 页。

术的应用层面。① 有学者指出："现代教育媒体的应用是我国电化教育区别于国外教育技术的根本点，也是其得以存在的立足点。"② 教育技术学与教育学的唯一区别是对媒体技术在教育中的应用问题表现出特别的关心。③ 实际上，在教学实践中，教师并不关心教育的技术问题，而是关心如何更好应用技术手段优化教学。他们对教育技术为何物的认识，大都停留在教学媒体的使用维度上，认为教育技术就是对教学媒体或工具的使用技巧，而使用技术的终极目标是优化教学。可见，从教育实践的角度来看，应用才是现代教育技术的支点。人们关注现代教育技术，就是在关注其应用和落地。

三、现代教育技术应用的基本内涵

本书将"现代教育技术"与"应用"组合成一个整体进行分析，该概念具有独特的属性特征和结构要素。

（一）现代教育技术应用的一般特征

基于对现代教育技术及其与应用内在关联性的认识，本书将"现代教育技术应用"的概念界定为：现代教育技术应用是在掌握现代教育技术相关理论的基础上，将有助于促进教育发展的现代教学媒体或工具的使用原则、方法、技巧、规律等技术性知识应用于教育教学的情境中，以优化教学、提高教育质量。

这里明确了现代教育技术应用的过程和结果：过程是把使用原则、方法、技巧、规律等应用于教育教学的情境中并发挥效用；结果是优化教

---

① 参见南国农等：《电化教育学》，高等教育出版社 1998 年版，第 19 页。

② 张立新、张丽霞：《论具有中国特色的教育技术理论与实践》，《中国电化教育》1999 年第 2 期。

③ 参见李艺：《教育技术学与现代教育》，《教育研究》1999 年第 11 期。

学、提高教育质量。此外，该定义还明确指出，现代教育技术的应用是将现代技术整合到教育教学环境中，既包括现代教育技术在教育领域的广泛应用，也包括已经在教育领域投入使用的现代教育技术的自我发展和完善，还包括现代技术在教育应用中的方法和理念的转变过程。具体而言，现代教育技术应用具有中介性、功能性、过程性、风险性的特征。

1. 中介性

中介性表现为依靠技术手段来优化教育，从而促进人类的发展。它由现代教育技术自身的物质性、目的性、文化性所决定：现代教育技术包含显性的物理状态和隐性的客观知识；现代教育技术具有强烈的目的性，通过应用来满足教育教学的需要、实现教育意图；现代教育技术具有文化控制性，其包含的文化体系对应用者具有强有力的渗透作用。

2. 功能性

功能性是价值的体现。现代教育技术之所以存在，是因为它负荷某种教学作用，如果它的功能得不到实现，其存在便失去了意义。例如，教室里安装的多媒体计算机，其物理结构是一台计算机，但此计算机的功能是服务教学，它具有较强的画面显示、声音传递、文字编辑等优化教学的功能。如果这台计算机不具备这些功能，对教学工作而言，便是无用的。

3. 过程性

现代教育技术功能的发挥需要一个时间序列，即应用的过程性。只有在应用现代教育技术的过程中，教师和学生才能通过技术手段提升信息交流效率、丰富情感沟通方式、完善反馈评价方法，从而实现高效教学和学习的目的。

4. 风险性

任何技术都是双刃剑，同时负荷正向价值和负向价值。现代教育技术也是如此，一旦投入使用，其内在的正面或负面价值就会显现，体现一定的风险性。这是由技术本质所决定的，现代教育技术应用也无法避免此类风险。

（二）现代教育技术应用的结构要素

"现代教育技术应用"的定义阐明了其结构要素为主体要素（人的要素，包括教师和学生）、客体要素（物的要素，主要是指现代教学媒体或工具）、环境要素（现代教育技术应用的影响因素，包括物理环境因素、社会环境因素和主客体的个体因素等）。现代教育技术应用的结构要素如图 2-1 所示。

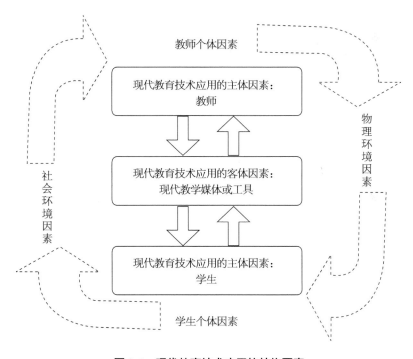

图 2-1　现代教育技术应用的结构要素

1. 现代教育技术应用的主体要素

现代教育技术应用的主体要素就是使用教育技术的人，其角色分为教师和学生。教师与学生通过应用教育技术来实现教学和学习的关联。

作为教师，应用现代教育技术可以辅助教学，但不能过分依赖技术。

要确保做到"两个必须":必须以教育目标为依据,焕发课堂教学的活力,提高教学效果;必须以负责任的态度使用技术,激发学生的学习兴趣,培养学生学习的主动性、独立性、创造性,帮助学生获取知识并保持学习的态度。

作为学生,应用现代教育技术可以辅助学习,但不能沉迷其中。以大学生为例,应用现代教育技术促进自主学习时,要做到"两个应该":应该对技术系统的性质和用途有正确的理解,懂得与技术相关的社会责任,理解与技术有关的伦理、文化和社会问题;应该使用技术改进学习方法,提高学习效率,创造性地解决实际问题,树立终身学习的理念。

2. 现代教育技术应用的客体要素

现代教育技术应用的客体要素主要是指现代教育技术的物化形态,即信息化的教学媒体或工具,如多媒体教学设备、网络课程、电子课件、在线教学资源等。

教师和学生对现代教育技术的应用行为代表了他们对现代教育技术功能的理解和应用习惯的反映。这种反映会加速客体主体化的进程。具体而言,应用主体操作技术的过程不仅展现了现代教育技术本身(客体要素)的功能特点,还会强化某些技术形态及其作用,并对应用主体产生反作用。例如,在课堂上,学生通过观看教师操作多媒体的过程与方法来学习这项技能,教师的现代教育技术应用理念会潜移默化地影响学生的信息素养;教师通过学生的技术应用行为表现及反馈来调整自身的教学方法;师生的现代教育技术应用效果决定了技术工具的淘汰、保留或更新,等等。

3. 现代教育技术应用的影响因素

现代教育技术的应用受到多种因素的影响,如技术本身的因素、技术使用者的因素、技术所处的环境因素等。这些因素统称为现代教育技术应用的影响因素,主要包括物理环境因素、社会环境因素、教师的个体因素、学生的个体因素四个方面。

（1）物理环境因素

物理环境因素主要是指现代教育技术本身的结构特征，属于内部因素。这包括教育技术工具的教育功能是否突出、操作方法是否易于掌握、可重复使用性如何、应用的时间及场地等物质要求。物理环境因素直接影响现代教育技术被选择应用的可能性。

（2）社会环境因素

社会环境因素是指社会对现代教育技术应用的需求，属于外部因素。现代教育技术应用对于提升师生信息素养具有不可替代的优势。因此，要确定现代教育技术应用的具体范围和主要方式，必须以促进信息化应用水平和师生信息素养普遍提高等社会需求因素作为根本出发点。

（3）教师的个体因素

教师的个体因素是指教师的知识水平、个性差异、教学能力对现代教育技术应用的影响。教师是教育方针的执行者，也是教学过程的设计者、决策者、实施者和管理者。教师的知识水平、专业能力、信息素养决定了教学媒体的运作与管理模式，是影响现代教育技术应用的重要因素。

（4）学生的个体因素

学生的个体因素是指学生的知识基础、技术应用经验、年龄、个性、能力素质、情感和态度等对现代教育技术应用的目标、过程与结果的影响。现代教育技术应用应该以学生为出发点，根据学生的身心发展水平选择合适的教学媒体及其应用方法。从这个意义上来讲，学生的个体因素是影响现代教育技术应用的核心因素。

综上所述，现代教育技术应用是一个整体概念，是现代技术在教育中的应用行为，以优化教学、提高教育质量为目的。它使技术应用的原则、方法、技巧、规律等在教育情境中发挥效用，具有中介性、功能性、过程性、风险性等基本特征，同时受到物理环境、社会环境、教师和学生个体等因素的影响。

第二节 现代教育技术应用的伦理内蕴

应用是教育技术得以发展的根本出发点。仅从工具操作的层面来认识现代教育技术应用是远远不够的，对为何能用、因何而用、如何去用、应用之后的影响何以应对等问题，还需要系统的伦理探讨。

一、现代教育技术负荷伦理价值

从教育的结构要素分析，技术与伦理是构成教育的基本要素。教育技术是确保教育活动的物质力量，教育伦理是维系教育活动的精神力量。教育技术更大程度上是一种物质的存在，而教育伦理则是一种意识形态。教育技术作为一种物质力量对教育伦理具有重要的影响，教育伦理作为意识形态对教育技术具有推动作用。这正是技术与伦理的关系在教育领域的体现。

技术与伦理的关系，表现为伦理制约技术和技术推动伦理两个层面。古代宗教伦理曾制约了古代工匠技术的应用与发展，功利主义伦理价值观也曾约束过近代大机器技术，而当代责任伦理对现代技术的制约更是随处可见。同时，技术的不断进步推进了人类道德观念的更新，提升了人类道德境界，拓展了伦理学的研究领域。然而，关于技术是否负荷伦理价值一直存在争议。这与技术是否负荷价值密切相关。在哲学视域下，技术的价值不同于技术的某一方面的特殊功能（如技术的教育功能、经济功能等），而是技术自身的一般价值。纵观技术发展历史，关于技术价值哲学讨论的结论大致有两种：技术价值中立说和技术价值负荷说（两种技术价值观的比较参见表 2-1）。其中，技术价值负荷说又包括技术决定论（乐观主义技术决定论和悲观主义技术决定论）和社会建构论。技术价值中立说从工业革命以来一直占据主导地位。20 世纪以后，随着科学技术的日益进步，人们发现技术已成为社会秩序的重要组成部分，技术本身和技术的应用后果越来越难以区分。技术价值负荷说逐渐得到越来越多的认同。

表 2-1　两种技术价值观的比较

	技术价值中立说	技术价值负荷说
是否负荷价值	技术不负荷价值，本身不包含价值判断，没有好与坏、善与恶、对与错之分；任何技术都是以相同的标准来体现其本质，可以应用于任何目的	技术负荷价值，本身包含价值判断；不只是中性的工具和手段，有好与坏、善与恶以及对与错之分；技术拥有一种自律力量，并且按自己的逻辑前进，影响着社会和文化的发展，具有价值独立性
与伦理的关系	技术是一种纯粹的手段，表示事实判断，而不能形成善或恶的价值判断，与伦理无关。只有创造和使用技术的人才能使技术成为一种善的或恶的力量	技术拒绝温情的道德判断，不接受在道德运用和非道德运用之间的区分，旨在创造一种完全独立的技术道德
对后果的诉求	技术可能会造成社会或生态等一系列问题，只有技术本身才能提供解决方法。把技术仅仅看作实现价值的方法、工具和手段，从而把技术与其社会后果区别开来	技术的负面效应将由新的技术进步所弥补和解决；技术控制了人，因而寻找对现代技术的超越；重视人在支配和控制技术方面的主体性地位和责任

基于对技术价值的认识，教育技术与伦理的关系可以总结为教育技术与伦理排斥论、教育技术与伦理价值无涉论、教育技术具有伦理价值论三类。

（一）教育技术与伦理排斥论

教育技术与伦理排斥论是一种将教育技术与伦理道德完全对立的观点，它把教育技术的发展及其对教育活动的不断渗入看作是道德堕落的表现。这种观点认为，教育技术仅仅是教学能力不足的人用以谋求生计的手段，技术带给教育的不是美好、友爱和和善，而是懒惰、应付和虚伪，技术应用容易使人们迷信仅依靠技术就能够完善心灵、走向进步。

持这种观点的人认为教育技术是使教学走向堕落的元凶，他们主张放弃教育技术而回归自然的教育状态。显然，这是极为悲观的理论主张，尽管在警示技术带来的负面效应上具有一定的积极作用，但其完全拒斥教育技术的态度和做法是极端的，在当前信息技术与教育深度融合背景下是行不通的。

（二）教育技术与伦理价值无涉论

教育技术与伦理价值无涉论认为，教育技术的价值是中性的，教育技术可以被用来服务于任何目的，只具有工具性的作用。关于教育技术是好还是坏的道德判断，都是在教育技术应用于社会目的之后才被提出来的。教育技术产生什么影响、达到什么目的，这些问题取决于人们用它来做什么。因此，教育技术行为目的总是存在于教育技术之外。持这种观点的人认为，既然教育技术与伦理无关，那么应用者就没有义务去考虑自己行为的伦理后果，他们仅为应用而应用。这种观点几乎排除了教育技术应用主体的完全社会责任，观点认为只要技术上能够实现的目标就应该努力去实践，而不必考虑这一目标是否应该实现；教育技术应用只需关心"实然"，不用关心"应然"。虽然这种观点可能会在一定程度上促进教育技术的繁荣发展，有助于更新现代教育的物质面貌及思维方式，但在整体上还不够审慎。在这种观点的影响下，人们理所当然地认为教育技术应用是应该被提倡的，容易陷入盲目乐观的认识泥潭而不自知，致使教育的物质层面与精神层面出现断裂，难以达到人们对教育结果的期望。

（三）教育技术具有伦理价值论

教育技术具有伦理价值论与中性论的观点正好相反，认为教育技术是负荷价值的，是伦理、政治与文化价值的体现，教育技术在伦理上绝对不是中性的，它游移在善恶之间。这种观点在技术决定论与技术社会建构论中有所体现。技术决定论把教育技术看作是无法控制的力量，教育制度、教育秩序和教学效果都单向地、唯一地决定于技术的应用，受到技术的控制。就像赫伯特·马尔库塞所言："技术始终是一种历史和社会的设计：一个社会和这个社会中占统治地位的利益，总是要用技术来设计它企图借助于人和物而做的事情。"①而技术社会建构论强调社会诸多因素在技术发展中的作用，主张技术是社会建构的产物。因为社会文化背景的差异，不同社会群体形成的价值观和行为规范不同，所以会对特定技术进行截然不同的解释与应用。从社会建构论的观点来看，教育技术是社会利益和文化价值倾向所建构的产物，应该强调教育技术应用者在支配和控制教育技术方面的主体性地位和责任。

在本书作者看来，现代教育技术负荷伦理价值。根据以上关于教育技术负荷伦理价值的分析，教育技术应用的伦理内涵突出表现为四个方面。

首先，教育技术内在的伦理价值在其具体应用于教育教学过程中是不证自明的。教育技术扮演多种工具性的角色，如学习工具、演示工具、交流工具、环境工具等，这充分说明了教育技术的目的、内容和过程都是合伦理的。

其次，教育技术应用需要伦理规范。伦理规范不是人们主观的发明创造，而是对行为规则的总结。教育技术应用主体共有的道德信念，可以使人们对自己的行为进行明确定位，在解决问题时有据可循。

再次，教育技术应用主体需要进行伦理自省。从伦理的角度审视教育技术应用行为，可以避免一些潜在的危害，促进教育技术合伦理地发展。例如，作为教师，一方面要审视自己是否具备基本的教师职业道德，另一方面要从技术应用的角度进一步进行道德自省，思考如何做一名有道德意

---

① ［美］赫伯特·马尔库塞：《单向度的人——发达工业社会意识形态研究》，刘继译，
上海译文出版社 1989 年版，第 210 页。

识的教育技术应用者。

最后，教育技术领域需要强化道德教育。目前，一些教育技术应用主体尚未意识到技术应用所带来的伦理问题，或者已经意识到但却未能引起足够的重视，因此有必要通过道德教育加以引导。针对教育技术应用的道德教育，主要从技术应用的视角关注人与技术的和谐发展，涉及教师的信息素养教育、技术伦理教育等方面。

二、现代教育技术应用何以成为伦理审视的对象

对"现代教育技术应用"进行"伦理审视"，需要深入理解和比较"伦理"与"道德"这两个概念，从而确定"审视"的大体思路。

（一）"伦理审视"的基本含义

伦理与道德是什么关系？这是中西方道德哲学都在关注的问题。当代，人们在日常生活中经常会混用"伦理"与"道德"这两个概念，有时还将两者放在一起用，称为"伦理道德"。即使在一些相关著作里，对这两个概念的界定和使用也相当模糊。学术界一直以来未能对此达成共识。对已有的理解与使用情况进行梳理；"伦理"与"道德"的关系分四类。①

1.同义论

在我国，"伦""理"二字合用，最早见于《礼记》："凡音者，生于人心者也；乐者，通伦理者也"。这里的"伦理"是指事物的条理，用来概括或表示人与人相处的道德原则和规范。国外学界对于伦理与道德两个概念的使用没有太大的区别，在西方文化里，ethics（伦理）与 moral（道德）

---

① 参见王仕杰：《"伦理"与"道德"辨析》，《伦理学研究》2007 年第 6 期。

在内涵上是一致的。

2.相似论

全球范围内，道德和伦理在多数情况下都被用作同义词，但也被承认有一些小差别（例如，当表示规范时，多用"伦理"；当指称现象时，多用"道德"）。在很多的表达中，二者所指含义趋于接近（除道德哲学的研究）。

3.包含论

伦理与道德是整体与部分的关系，伦理是整体，道德是部分，即伦理包含道德。道德仅仅是人际关系"应该如何"，伦理则既包括人际关系"应该如何"，又包括人际关系"事实如何"。

4.异质论

一般来说，在哲学层面对"伦理"与"道德"进行研究，通常视二者为完全不同的两个概念。从"目的和过程"的角度，伦理是理念层面的"善"，也就是"善的理想"，而道德是现实层面的善，即"对善的追求""善的实现"；从学科的角度，"伦理"是"道德"的上层概念；从主客观的角度，伦理是客观的、他律的，而道德是主观的、自律的。因此，有人认为，违反客观伦理规范的人不一定是主观道德低下的人。

以上列举了关于"伦理"与"道德"的四种关系。据此便可发现，无论二者的关系如何难以澄清与辨认，都不会干扰本书题目的应有含义。也就是说，不论从这四种关系类型中的哪一种出发，"伦理审视"都是通畅并合理的。从相似论（包括同义论）来说，"伦理审视"必然与"道德审视"相似或同义；从包含论的角度分析，"伦理审视"则属于"道德审视"的上位；从异质论来讲，"伦理"是对"善的追求"，"伦理审视"则意味着对"善"这一目的的思考（"善"应该是什么，实际与"善"的距离有多远，为什么出现这种应然与实然之间的距离），重点强调的是理论分析，而非着力关注"善的实现"（怎样缩短这种距离）。由此可见，无论从何种角度来理解"伦理"与"道德"，对现代教育技术应用进行"伦理审视"

总要比"道德审视"合适得多。尽管如此，笔者仍然需要表明本书所持观点：本书同意"伦理"是"道德"的上位知识这一观点，因而所有与道德相关的问题都应该对其进行"伦理审视"。同时，"伦理审视"强调的是审视现代教育技术应用的伦理学视角，是不同于管理学、传播学等视角的。管理学、信息科学等视角包含的科学、技术操作成分较多，偏重对人的工具理性的发挥，关注"技能操作""效率提高"等使用目的的抵达。而伦理学视角则从"善""正当""责任"等角度对现代教育技术应用进行人文关怀。这正是"伦理审视"现代教育技术应用的特有表现。

(二)"伦理审视现代教育技术应用"何以可能

德国哲学家莫里茨·石里克在其《伦理学问题》一书中指出："伦理学问题关涉道德，关涉风尚，关涉有道德价值的东西，关涉被视为人的行为准则和规范的东西，关涉善。"[①] 我国学者也认为："伦理学是一门研究道德现象的科学，它通过理性来调节人与人、人与自然之间的关系，指导和规范人们的行为，培养人们的优良道德品质。"[②] 因此，"伦理审视"某种行为，就意味着该行为现象与"道德"相关。对某种行为进行"伦理审视"的过程就是借鉴伦理学相关理论进行系统思考的过程。

现代教育技术应用，作为教育参与者使用现代教育技术的行为，其主体通常包括教师和学生，应用客体则是现代教育技术本身，应用的作用对象同样是教师和学生。那么，这种"现代教育技术应用"的行为关涉道德吗？这就需要对其进行道德评价。

对某种行为进行道德评价，其实是对该行为的道德性进行判断，是在默认了该行为与道德相关的前提下进行的。也就是说，只有与道德相关的

---

① ［德］莫里茨·石里克：《伦理学问题》，孙美堂译，华夏出版社 2001 年版，第 5 页。

② 张传有：《伦理学引论》，人民出版社 2006 年版，第 11 页。

行为才具有道德性（属于道德的范畴），才可以进行道德评价（评判为两种：道德上正当的行为，称为道德的行为；道德上不正当的行为，称为不道德的行为）。从这个意义上来讲，只有现代教育技术应用行为具有道德特性，才可以判定其是道德的还是不道德的。于是，问题即可简化为：讨论技术应用行为是否具有道德性。

　　一种技术行为是否具有道德性，与技术本身是否负荷价值属性密切相关。在这个观点上，技术悲观论与技术中立论存在很大的分歧。技术悲观论认为，技术不仅是人类可以操纵的工具，而且是一种影响人类如何与世界关联的存在方式；技术具有自主性，它重构了人类社会，迫使人类进入马克斯·韦伯所说的"铁笼"或海德格尔的"座架"；技术是具有偏见的，同时负荷价值，具有某种意向结构，对人类具有某种统治力量。因此，技术悲观论者往往认为，虽然技术的操纵者未将其自身的道德判断强加给技术活动，但是技术活动本身就有善恶之分，是关乎道德的。与技术悲观论不同，技术中立论认为，技术是无偏见的，它作为一种工具，不论是被用于善的目的还是恶的目的，完全由人类控制，其本身并不负荷价值。所以，技术中立论者大都认为技术行为是受控于人的，是人将人所做出的道德判断强加给技术行为，而技术行为本身与道德无涉，属于非道德问题。因此，技术中立论必然走向技术乐观论。①

　　随着技术的不断发展，技术悲观论者与技术中立论者之间的价值争执，开始让人觉得对实际生活并无意义。处于悲观论与中立论之间的技术实在论（技术批判论）逐渐被更多人认可。技术实在论认为，尽管技术具有自身的力量，并以特殊的方式影响人类行为，但是技术不能独立于人类社会之外，人类仍有能力征服它。依此观点来看，人们承认技术自身负荷

---

① 参见［美］理查德·斯皮内洛：《铁笼，还是乌托邦：网络空间的道德与法律》，李伦译，北京大学出版社 2007 年版，第 8 页。

道德价值，但这种道德价值只有服从于人类社会的道德准则，才能得以存在。近年来，越来越多的人从技术实在论的角度看待技术行为，承认技术负荷道德价值，同时认为技术应用行为需要伦理学的指引与规约。另外，与传统伦理学不同，现代伦理学已经开始关注技术实践中存在的道德现象，将技术问题囊括在伦理学的范畴。①

现代伦理学对技术的关注，为解决技术问题指明了方向。因此，从技术实在论的角度出发，作为技术应用在教育中的一个特例，现代教育技术应用是负荷道德价值的，具有道德性，且这种应用行为会对教育者与受教育者之间的人际关系造成影响，可以对其进行道德评价。具体来讲，一种行为本身只是一个单纯的事实存在状态，并未被赋予某种道德价值。然而，一旦这种行为被某种行为方式表现出来并对行为主体或相关他人造成一定程度上的影响，那么，该行为就有了善恶之分，便具有了道德特性。②现代教育技术应用作为一种行为，其本质并不自带善恶属性。然而，当涉及应用现代教育技术的方式，以及这种方式对教师或学生所造成的影响时，道德评价的空间就出现了。例如，当教师合理使用多媒体教学，并恰当地选取教学资源和教学方式时，就会调动学生的学习积极性，培养他们自主学习的兴趣，同时会增强教师的教学动力，激发和谐的师生关系。此时，我们可以判断这种现代教育技术应用行为是正当的（道德的行为）。相反，如果教师过分使用媒体技术，长时间进行屏幕播放和演示，就会使学生注意力疲劳，阻碍学生想象力、创造力的发挥，不利于培养学生学习的积极性与主动性，甚至导致师生关系的恶化。这种现代教育技术应用就是不正当的（不道德的行为）。

也就是说，只要现代教育技术被应用，且这种应用行为对行为主体（主

① 参见李三虎：《十字路口的道德抉择：马克思的技术伦理思想研究》，广州出版社 2006 年版，第6—7页。

② 参见张传有：《伦理学引论》，人民出版社 2006 年版，第 8 页。

要是教师）或者行为的接受者（主要是学生）造成一定的影响，该行为就与道德相关，就可以进行道德评价。因此，借鉴伦理学的理论与方法对其中不道德行为进行纠正或制约，使之符合社会的伦理规范，才是明智的应对之策。这正是"现代教育技术应用"成为"伦理审视"之对象的根本缘由。

第三节　现代教育技术应用的伦理表征

伦理价值和伦理表征共同廓清了现代教育技术应用的伦理内容。基于以上对现代教育技术应用之伦理内涵及学科属性的分析，现代教育技术应用伦理既是技术伦理对教育的观照，也是教育伦理对技术的观照，同时还是应用伦理对现代教育技术的观照。

一、技术伦理对教育的观照

当代社会所呈现的各种伦理新问题几乎都可以追溯到技术问题上。正如有技术哲学家所言，"在技术时代，我们必须认识到，我们面临的不是技术问题，而是伦理问题"[1]。有学者预见性地指出，如今与技术相关的问题已经迫使其成为与伦理相关的问题，现实警示我们，对技术的批判必然要走向"伦理转向"。[2] 技术哲学家卡尔·米切姆、安德鲁·芬伯格、马里奥·邦格、拉普等人追问什么是进步、技术发展的前景，以及工程师的责任等问题，已经超出了技术哲学的传统领域，进入了道德实践的领域。[3] 尤其是20世纪以来，技术行为不断受到伦理学的关怀，并以人的

---

[1]　王飞：《萨克塞技术伦理思想及其启示》，《科学技术与辩证法》2008年第5期。

[2]　参见颜青山：《"伦理转向"还是"技术转向"》，《哲学动态》2002年第10期。

[3]　参见王国豫：《德国技术哲学的伦理转向》，《哲学研究》2005年第5期。

价值为事实基础,指向技术实践中"可能的是否是允许的"等基本问题。同时,技术哲学家将责任概念与技术相关联,认同赫伯特·马尔库塞对"单向度"技术批判的合理性,对技术时代"什么是道德""技术人员的责任有哪些"等问题进行系统性的思考,形成技术伦理的基本思想体系。对技术的哲学思考,从关注人类生存到强调生活质量,从价值争执到规范讨论,逐渐经历着一种走向伦理探索的理论转型。①

西方技术哲学的伦理转向可谓现代技术伦理研究的开端。从对技术本身的工具性社会批判,到对技术人员责任意识的探讨再到对技术伦理本身的反思,技术伦理研究日益专业化、系统化。因此,不论是作为信息技术应用领域的教育,还是作为教育领域技术形态的教育技术,都应成为技术伦理研究的重要对象。然而,目前技术伦理研究更多关注社会层面的生命伦理、生态伦理、信息伦理、基因伦理等领域,教育领域技术问题却至今未能引起技术伦理研究的注意。技术伦理对教育领域技术观照的缺失,暴露了教育领域对技术的盲目信任与追捧、不当管理或过度使用、相关伦理规范不健全等问题。长此以往,不仅会影响教育技术伦理研究的开展,甚至可能会导致教育技术偏离良性发展的轨道,损害教育固有的伦理精神。

技术伦理对教育的观照,突出表现在教育技术伦理道德规范的形成过程。责任伦理思想在技术伦理中起着重要的指导作用,它要求将教育技术的价值实现转化为教育技术主体的责任。教育是一种体现责任意识、弘扬责任理念、培养责任个体的实践活动。教育技术具有这一责任特征,理应成为具备高度责任感和使命感的技术手段,体现作为教育实体和伦理实体的内在规定性。而教育技术学科领域尚未对行业责任标准、职业伦理规

---

① 参见李三虎:《十字路口的道德抉择:马克思的技术伦理思想研究》,广州出版社 2006 年版,第 3—5 页。

范、个体道德要求进行详尽的论证，缺乏责任与规范的熏陶与引导，淡化了教育技术工作者的责任意识和规范特征。因此，为促进学科发展，教育技术的行业责任标准、职业伦理规范、个体道德要求是教育技术伦理需要关注的重要研究领域。

（一）教育技术行业责任标准

作为一个行业领域，教育技术是一个伦理共同体，其应该设有专门的责任组织机构。该组织机构应该对教育技术设计人员、开发人员、管理人员、应用人员、评价人员进行责任划分，提出具体的责任要求。例如，对教师、教育管理者等教育技术应用的责任主体提出诸如承担起关爱学生、达成教育目标等义务，促使其担负起对学生、社会、国家的责任，从而感染学生形成良好的道德责任感。2004 年教育部颁布的《中小学教师教育技术能力标准（试行）》从制度上保证了教学人员、管理人员、技术支持人员应该具备的专业技能，从公平利用、健康使用、有效应用、规范行为四个方面规定了教师的社会职责，例如，"努力使不同性别、不同经济状况的学生在学习资源的利用上享有均等的机会"，"促进学生正确地使用学习资源，以营造良好的学习环境"，"努力使不同背景、不同性格和能力的学生均能利用学习资源，得到良好发展"，"能向学生示范并传授与技术利用有关的法律法规知识和伦理道德观念"。[1]2022 年教育部发布的《教师数字素养》教育行业标准明确指出教师要具备数字社会责任，从法治道德规范，以及数字安全保护等方面界定了教师在数字化活动中的道德修养和行为规范方面的责任，包括依法规范上网、合理使用数字产品和服务、维护积极健康的网络环境，以及保护个人信息和隐私、维护工作数据

---

① 参见《教育部关于印发〈中小学教师教育技术能力标准（试行）〉的通知》，2004 年 12 月 15 日，见 http://www.moe.gov.cn/srcsite/A10/s6991/200412/t20041215_145623.html。

安全、注重网络安全防护等责任内容。①

(二)教育技术职业伦理规范

规范伦理学作为西方伦理学的基本理论形式,一直以人的义务及价值合理性为研究重心,旨在说明人们的行为本身应遵循何种道德标准以达到"善"的要求,为教育技术职业规范的制定提供了指导。教育技术职业规范在特定时期是相对稳定的,但又并非永恒不变的。根据职业规范的内容不同,可将教育技术职业规范界定为"法权伦理"规范。法权和伦理是教育技术职业规范的整体要求,其既包括法权规范,又包括伦理规范。其中,教育技术的法权规范是一种制度性的公共活动领域的规范,包括社会法律的强制性规范,以及为教育活动正常有序进行所必需的学校纪律、各种教育体制、教学秩序等一系列规范。而伦理规范通常是由责任和义务构成,是一种具有内在制约力量的规范体系。教育技术的伦理规范是教育技术活动中表现出来的一种内在规范,本质上属于一种自律道德的范畴。在教育技术活动中,法权规范和伦理规范共同构成教育技术的职业规范体系。因此,教育技术从业人员应该遵守社会基本道德规范、技术应用的法律法规、学校纪律等制度性规范,践行教育技术的伦理使命,促进教育技术领域人伦关系的和谐发展,为培养德才兼备的社会型人才而努力。

(三)教育技术主体的道德素养

道德素养能够帮助教育技术主体寻求驾驭技术的精神力量,辨别与应对由技术引发的反道德现象,从而抵制道德失范现象,并促使教育技术实

---

① 参见《教育部关于发布〈教师数字素养〉教育行业标准的通知》,2022 年 12 月 2 日,见 http://www.moe.gov.cn/srcsite/A16/s3342/202302/t20230214_1044634.html。

践在合乎伦理的轨道上发展。因此，教育技术主体的道德素养尤为重要。当前，人的道德素养不断受到功利主义、工具主义的浸染，如何强化教育技术主体的道德素养成为教育技术伦理研究的重要内容。要唤起教育技术主体的道德意识并加强其道德素养，技术伦理教育不可或缺。技术伦理教育有助于人们反思技术应用理念的合理性、技术操作规范的道德性，引导人们正确认识教育技术的先进性及其所代表的文明与进步，警醒人们注意技术依赖带给教育的危害。因此，借助技术伦理教育对教育技术主体进行技术观、责任担当、信息素养等方面的教育，能够提高其应用教育技术的道德素养。只有健全教育技术主体的道德素养，才能不断提高教育技术从业人员的社会地位和职业认同感，规范教育技术的实践活动。

二、教育伦理对技术的观照

除了技术伦理对教育技术具有伦理规约的功能，教育伦理对教育技术同样具有指导作用。教育不仅要传授知识，还要培育德性。现代教育已经不再单纯依靠面对面地交流，各种技术产品已经成为教育所依赖的重要中介和教育资源。教育技术作为教育功能系统的一个子集，同样肩负知识传授与德性培养的伦理使命，因此需要受到教育伦理的特殊观照。

教育伦理学作为教育学与伦理学的交叉学科，主要研究教育与人的生存和发展的合理性及其关系问题，并将教育中的一切道德现象视为研究对象，对整个教育和具体的教育现象进行人文关怀，从而审视和规范教育的合理性及价值。然而，当前教育伦理学主要关注道德教育、教师职业道德规范、教育的社会伦理基础等内容，一直未曾关注教育技术实践及教育中的技术问题。虽然教师职业道德规范一直是其关注的重点，但是在有关方面也忽视了教育技术人员和教师作为技术应用人员所应具备的专业伦理规范与特定职业操守。

教育伦理学对教育技术应用的遗漏或忽视，严重遮蔽了教育技术实践过程中的伦理问题。导致这一现象的原因，细究起来主要有以下几点。首先，作为教育学的一个二级学科，教育技术学起步相对较晚，发展进程较慢且多以教学媒体工具或教育信息技术的方式呈现，不易引起教育伦理学的关注。其次，教育技术学科的特殊属性决定了其必然内蕴技术的基本特征。技术的教育应用必然体现工具主义的角色身份，是技术理性思想延续的一种自为和自觉，抑制了教育技术的人文诉求和伦理映照。最后，传统教育伦理研究主要由人文背景的教育学者引领，他们对技术问题的关注度不够，甚至因学科背景差异而回避或无视教育领域的技术活动，技术化教育活动中所产生的一些教育伦理新问题自然也会被遗漏。教育伦理研究对教育技术应用问题的忽视，不仅影响了教育技术自身对伦理价值的追寻，同时也不利于教育伦理学科的发展和完善。

教育伦理对技术的观照，就是将教育中的技术问题纳入教育伦理的话语体系，考察教育技术自身发展所具有的伦理特性、教育技术与伦理的关系等基本学理问题，在认可教育技术先进性的同时，理性分析其负面效应，对教育技术进行人文关怀。也就是说，教育技术伦理研究既要把教育技术与伦理之间的相互作用作为思考对象，又要对教育技术伦理的本质进行哲学解释；既要面对现代社会所崇尚的道德多元现象，又要针对教育技术实践寻找可供选择的伦理应对方案；既要探讨教育技术伦理的内涵和外延，又要关注教育技术伦理研究的方法和内容。

结合教育伦理对技术的观照，教育技术伦理研究不仅应该关注行业内的职业道德规范，还应该关注教育技术实践对学生和社会可能造成的影响，以及教育技术实践中涌现的问题，这些问题既无明确法律规定，也无法用传统道德解决。换言之，教育技术伦理一方面强调的是教育技术人员的良心、道德义务等问题，属于从业人员基本道德的范畴；另一方面则关涉教育技术实践与伦理要求之间的冲突，强调教育技术与教育伦理的相互影响。因此，本书将教育技术伦理的研究范畴总结为道德规范、实践伦理问题和本体性研究三个方面。教育技术伦理的研究内容如图 2-2 所示。

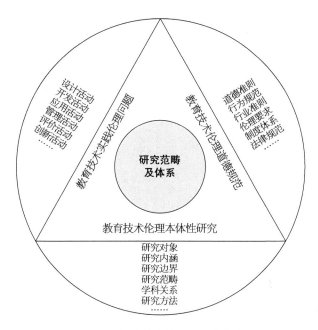

图 2-2　教育技术伦理的研究内容

（一）教育技术伦理道德规范

教育伦理学中关于教师职业道德相关理论启示我们，教育技术伦理应该首先关注教育技术人员的职业道德。这一层面主要对教师、教育行政与管理人员、教育科学工作者、学习者等伦理实践者进行规约，通过明确从事教育技术相关工作的职业道德标准及行业准则，以解决教育技术实践中的伦理失序或道德失范难题。只有健全教育技术行业规范并付诸行动，才能不断提高教育技术从业人员的社会地位和对职业的认同感，以此规范教育技术的实践活动。

（二）教育技术实践伦理问题

对教育技术的设计、开发、应用、管理、评价与创新等实践活动中诸如人被物化而失去主体性、受到信息污染而不利于学生学习、版权受到侵害、网络迷航、隐私泄露等伦理问题的研究，需要利用教育伦理理论来解释教育技术应用与现有伦理规范之间的冲突。这一层次既涉及技术应用对人的身心发展可能造成的影响，以及对整个教育生态系统可能带来的危害，还涉及教育技术与课程文化、教育变革及社会发展的关系。主要难题包括：教育技术的过分使用或不当使用违背了教育的育人目标，以及教育技术对教育伦理的影响等。

（三）教育技术伦理本体性研究

该层面主要涉及教育技术自身发展所具有的伦理特性以及教育技术伦理的基本问题。这些问题受到教育技术的本质特征和发展规模的影响，涉及研究对象、研究方法、研究边界、学科关系等方面。对于研究范畴及体系的界定，从宏观和微观上为教育技术伦理发展设定了具体的任务，有助于促进教育技术伦理研究体系的形成。随着教育技术学、伦理学等相关学科的不断发展，教育技术伦理研究的任务和内容也将不断拓展。

三、应用伦理对现代教育技术的观照

20世纪60年代以来，科技应用的增加对人的价值观和道德观产生了强烈的影响，与社会生活各个领域相关的应用伦理学也相继出现，如生命伦理学、环境伦理学、计算机伦理学等。作为伦理学的重要分支学科，应用伦理学是一门用于分析现实社会中伦理问题的学科，目的在于探讨如何使用道德要求使社会整体的行为规则与行为程序得以实现，即面对冲突、诉诸商谈、达成共识、形成规则。[①] 应用伦理学是规范伦理学的延伸和扩展，将规范伦理的理论、原则与方法应用于社会生活的特定领域、方面或情境，以解释、说明、阐述具体的实践问题。对于应用伦理而言，首要含义是"应用"，这种强烈的"实践"指向，是批判性道德思维的根本功能。应用伦理的研究特点主要有三个。第一，直接介入实际生活过程，从伦理学的角度对现实问题进行分析；第二，致力于把当代哲学和伦理学的理念、原则和准则应用于构建具体领域的价值体系，为规范和引导社会现实服务；第三，不直接为问题的解决提供具体方案，而是提供规范指导、价值引领和思维方式。[②]

21 世纪初，随着现代教育技术的不断发展，互联网、计算机等信息技术应用引发的教育伦理问题日益突出。2005 年，国际教育技术定义中首次提出了"伦理实践"的关键要素。科技伦理和媒体伦理作为应用伦理的分支领域，为教育技术应用中存在的道德悖论问题提供了伦理支持。应用伦理对教育技术的观照主要表现在三个方面：对教育技术应用带来的问题进行伦理分析，对教育技术领域道德失范现象进行伦理规范，以及为教育技术伦理研究提供方法论指导。这种观照的目的并不在于寻求正确的教育技术应用原则，而是通过教育技术领域内专业人士之间的协商与对话，调节教育技术应用立场，达成解决教育技术伦理问题的共识。其过程体现了一种新的道德实践模式，既重视教育技术内蕴的伦理价值等抽象问题，也关注技术应用带来的教育实践难题。最后，通过建立教育技术伦理委员会来达成共识，即通过教育技术专业人士的协商以形成结论并用来解决实际问题。

应用伦理对教育技术的观照能够为解决教育技术应用实践中的伦理问

---

① 参见甘绍平：《应用伦理学在中国的兴起》，《学习与实践》2006 年第 10 期。

② 参见江畅：《应用伦理学研究的深层关注及其旨趣》，《光明日报》2005 年 1 月 4 日。

题提供理论阐释和方法指导。一方面，进入信息技术与教育融合创新阶段之后，现代教育技术应用实践中出现的问题越发影响技术与教育的和谐关系。人们对如何评判问题行为的道德性、需要制定哪些道德规范内容、如何描述规范要求等具体伦理策略的诉求异常突出。作为规范伦理的延伸，应用伦理致力于说明行为本身应该遵从的道德标准及合理性原则，因而能够为道德规范、伦理原则、行业标准、责任体系、制度法规等内容的设计提供分析框架。也就是说，应用伦理能够遵循规范伦理学的指导，不仅善于分析现代教育技术应用的是非善恶标准，指导人们将现代技术的外在伦理规范和教育的内在价值标准结合起来，制定符合教育技术应用规律的伦理规范内容，而且能够从义务论、目的论、美德论等多重理论视角出发，以他律和自律相结合的方式呈现规范体系，从而设计出系统的伦理策略，解决"规范与价值和谐共生"的难题。

另一方面，现代教育技术应用的伦理策略的具体实施依赖于应用伦理学的支持。应用伦理学能够将规范伦理学的理论、原则与方法应用于具体情境，以解释、说明和应对具体实践问题，包括确定道德立场、进行道德判断、选取伦理策略、开展伦理实践等过程。应用伦理学的任务在于分析现实社会中不同领域里出现的重大问题的伦理维度，为这些问题所引起的道德悖论的解决创造一种对话的平台，从而为赢得相应的社会共识提供伦理上的理论支持。[①] 在技术应用必然扩展教育伦理和技术伦理的边界的背景下，应用伦理学应该对现代教育技术应用给予足够的关切，不仅要指导教育伦理和技术伦理这两种应用伦理原则的共同介入，不断实现教育伦理学、技术伦理学、教育技术学等学科之间的联通与融合，而且要确保教育伦理规范和技术伦理规范在交融协作中发挥作用，为教育技术伦理的元研究提供理论基础，从而开辟技术应用与教育创新的伦理实践路径。例如，

---

① 参见甘绍平：《应用伦理学前沿问题研究》，贵州大学出版社 2019 年版，第 1—2 页。

如何明辨教育实践中技术应用等因素引发的道德问题并提供有效的伦理策略和伦理途径，如何分析技术应用对教育伦理造成的影响，这些问题都需要应用伦理的特殊考量。

总之，教育技术伦理在规范现代教育技术应用行为方面发挥了重要的价值导向、规范调节和教育净化的功能。其中，价值导向是基本功能，规范调节是核心功能，教育净化是本质特征。

第二章　伦理审视现代教育技术
应用的理论视角

如前所述，现代教育技术应用既是一个技术问题，离不开技术伦理学的规约；也是一个教育问题，离不开教育伦理学的指导。可见，现代教育技术应用的伦理研究需要借鉴技术伦理、教育伦理等应用伦理的相关理论与方法。结合我国教育技术发展现状，本章选取中国传统技术伦理思想、马克思技术伦理思想、责任伦理思想和教育伦理思想，为系统审视现代教育技术应用的伦理研究提供理论视角。

第一节　中国传统技术伦理思想及其启示

中国拥有悠久的技术文明历史，在长期的技术实践活动中形成了具有中国特色的技术伦理思想，突出表现在以道驭术、以人为本、经世致用等方面，为现代教育技术应用的伦理研究提供了重要的理论依据。

一、以道驭术——现代教育技术应用的基本理念

中国传统技术伦理思想集中体现在儒家、道家、法家、墨家等学派的伦理主张上，包括技术价值观、技术与人的关系论、技术与道德的关系论，以及技术主体的道德行为准则等内容。其中，儒家和道家的技术伦理

思想在中国传统社会中长期居于主体地位。综合儒、道各家学说，中国传统技术伦理思想的基本精神主要包括以道驭术、以人为本和经世致用。①

"以道驭术"，是指技术的发展必须受到道德和自然规律的制约。这种观点一直贯穿于从古代到近代的传统思想之中。"术"既包括操作工具的技巧，也包括分析操作流程的理论方法；而"道"则主要是自然法则和伦理道德等规范与制约。"以道驭术"的伦理观点根植于中国文化深处，体现了技术伦理的基本问题之一——道德与技术的关系，即技术的"术化""物化"与德行的"人性化"之间的关系，也就是人们所说的工具理性与价值理性之间的关系。这两者的关系突出地表现为技术要在道德的规范与制约下应用。

"以道驭术"是中国技术应用伦理的核心观点。人们强调道德对技术的制约作用，道德成为技术应用的最重要指标。一旦一种技术的应用背离了伦理规范，人们就要限制或中止这种技术应用行为。由此可见，现代教育技术作为一种技术手段，在应用于中国的教育实践活动中时，必须以道德规范来约束，使应用行为与当今社会的伦理道德规范相协调。现代教育技术应用只有遵循良知与善性，遵循"以道驭术"的应用理念，才会对教育的发展作出贡献，才能摆脱由于现代技术发展与不加限制地应用所带来的道德滑坡。

用"道"来规范现代教育技术应用，不是阻碍和限制，而是在允许其有最大发展的前提下使负面作用减少到最低。因此，"以道驭术"的思想，应当成为中国现代教育技术应用的基本理念。要建设具有中国特色的现代教育技术发展之路，促使现代教育技术应用最大限度地优化中国的教学实践，就必须立足中国传统技术伦理文化的实际，遵循"以道驭术"的基本理念。

---

① 参见陈万球：《中国传统科技伦理思想研究》，湖南大学出版社 2008 年，第 61 页。

二、以人为本——现代教育技术应用的目的旨归

从技术伦理的角度看，"以人为本"是在技术活动中从人的发展出发，以人为中心，关注人的需要。具体来说，就是在技术活动中强调技术主体先于技术活动。技术主体是技术活动的目的，技术活动是为了满足技术主体的需要，即人是目的，技术是手段。

中国传统技术伦理思想蕴含了丰富的"以人为本"思想。儒家提倡"以人为本，以和为贵"；道家高扬人的生命价值；墨家讲究兼爱、非攻，重视技术，以谋求人的幸福。"以人为本"的技术观念广泛体现在中国传统的技术活动中，根植于广大的技术工匠的心灵中。人们本能地反对技术活动中有违人性的行为，一旦技术超越了人的控制，违背了人的内心追求，其应用与发展就会遭到抵触与拒绝。

可见，"以人为本"的核心思想是确保技术发展和应用始终以人类福祉为最终目标，尊重并保护人的基本权利和尊严。这一理念对于现代教育技术至关重要，它不仅是现代教育技术发展和应用的道德要求，更是实现教育可持续发展的必要条件。因此，"以人为本"是现代教育技术应用的应然价值取向。为此，现代教育技术应用在目标上要体现"以教育为本"的价值诉求，发挥技术应用主体的教育智慧，通过在教育情境中的应用，使技术成为"人化的教育技术"，真正促进教育的发展。换言之，现代教育技术应用要关注现代技术应用情境中的教师和学生，以师生的教学需要和身心发展为根本诉求，有针对性地选择和应用那些凝聚了师生智慧与情感的教育技术产品。

坚持"以人为本"的现代教育技术应用观，首先要求技术应用主体树立"育人为本"的根本观念，以优化教学、促进教育发展为基本追求，摒弃单纯追求知识传播效率、节省劳动量、炫耀教学技巧等功利性想法。现代教育技术应用的所有方式都应是为"育人"服务的。其次应把握适度应

用的原则，当用则用，把握好技术应用的时机。技术应用完全是为了促进教与学，因而要避免"不用"和"过度用"两个问题。一些教师意识不到技术应用带给教学的优化功能，对一些数字化教学工具或资源视而不见，或者见而不重（视），造成数字化教育技术的浪费。还有一些教师过于依赖技术手段，甚至出现离开技术就无法完成教学任务的尴尬局面。最后应关注学习者的体验，发挥学生主观能动性，注重信息素养教育。在教育数字化转型时期，现代教育技术应用主体要全面提升自身信息素养，既要掌握高效获取、甄别、评价信息的能力；又要负责任地使用信息，带头遵守信息法规，自觉抵制不良信息，恪守诚信，尊重知识产权，倡导道德自律，保证现代教育技术应用行为符合伦理规范的要求。

三、经世致用——现代教育技术应用的实践样态

中国文化有着很强的重视实际、关注人事、面向现实的精神传统。"经世致用"的思想源于儒家学派，对中国传统社会产生了重大影响。中国古代的"经世致用"思想在认识论上的一个重要表现是"实用理性"。[1]"这种与生活实际保持直接联系的实用理性，向事物之间相互关系、联系的整体把握方向开拓"[2]。自从梁启超使用"经世致用"一词用以表述"经世之学"后，"经世致用"开始频繁出现在现代许多学术论著中。[3] 中国传统的"经世致用"思想具有重视实践价值、勇于创新、致力改善实际效果、注重调查等鲜明特征。从技术伦理的角度看，"经世致用"强调将伦理原则应用于技术开发和使用过程中，以实现社会的可持续发展和人类福祉的最大化。可见，将所学技能用于解决社会现实问题，追求现

---

① 参见傅海伦:《儒学与古代数学教育的发展》,《自然辩证法通讯》2001 年第 2 期。

② 李泽厚:《秦汉思想简议》,《中国社会科学》1984 年第 2 期。

③ 参见王宏斌:《关于"经世致用"思潮的几点质疑》,《史学月刊》2005 年第 7 期。

实境况的改善，学以致用，就是"经世致用"在技术伦理层面的表达。

信息时代，日新月异的新技术不断应用于教育，使现代教育的技术特征越来越明显。现代教育的实践离不开现代技术的应用。"经世致用"强调关注现实和重视实用性的技术伦理思想启示我们，现代教育技术的实践应用价值才是其立身之本。要想实现现代教育技术的"经世致用"，应当做到勇于创新。从表面看，现代技术对教育直接的影响是推进了教学媒体手段的进步，而其更深层次的影响则是改变了教师和学生的教育与学习方式。只有创造性地应用技术手段，才能防止现代教育技术应用流于形式、浮在表面，才能发挥信息技术促进学生高级思维能力发展的功能。这里的创新，是技术应用带来的教育创新，是指遵循教育发展规律，对教育的整体或部分进行的变革。这种革新，强调教育形态的"转变"，即通过现代技术的应用，对教育的目标、观念、内容、形式、管理和评价等诸多方面产生影响，从而促进教育发展。在教育数字化转型的时代背景下，坚持技术应用创新，推动教育观念更新，积极推动信息技术与教育融合创新发展，是"经世致用"理念的重要体现。

另外，"经世致用"的技术伦理思想还启示我们，现代教育技术应用还要注重调查研究。技术应用结果如何，是否促进了学生的学、教师的教，技术应用方法是否需要改进，这些问题对明确现代教育技术应用目标至关重要。因此，需要调查和分析，以辨别技术应用的"实然"与"应然"的边界，从而创造一种现代教育与现代技术共生发展的和谐关系，促成教育与技术双向赋能的文化生态。这是技术革新对教育发展的外在要求，也是新兴技术充分应用于教育之后的必然结果。

中国传统技术伦理思想为立足我国教育实践来分析教育技术伦理现实提供了理论依据。"以道驭术"的观念体现了技术的"物化"与德行的"人性化"之间的关系，有助于理解教育技术与伦理的关系问题。用"道"来规范教育技术应用，不是阻碍，而是引导。另外，"以人为本"的观念凸显了人的重要性，人们本能地反对现代教育技术应用中的各种有违人性的行为。现代教育技术应用在目的上应充分发挥人的智慧，强调"人化的教育技术"，时刻关注技术场中教育者和受教育者的发展。重视应用、学以致用的特点，是中国传统技术伦理思想之"经世致用"对现代教育技术应用实践样态的总结，指导现代教育技术应用要重视实践，勇于创新方式方法，不断改善应用效果，更好地服务于教育发展。

第二节　马克思技术伦理思想及其启示

关于技术与伦理的关系，一直是学界讨论的热点话题。马克思技术伦理思想还事实和价值的整体关系以本来的现实面目，是一种对传统规范伦理学的积极超越与综合创新。[①] 因此，要对技术与伦理的关系有一个较为准确的认识，可以借助于马克思主义理论的实践观，将技术活动看作实践活动。因为任何实践活动都内在地包含了价值、目标和需要，也包含了道德因素。同时，在现代教育技术应用层面，我们可以从马克思技术伦理思想中的技术实践论、技术判断中介论、技术异化论、技术伦理价值论等理论中获得启发。

一、技术中介论：解答技术的休谟难题

马克思伦理思想是以实践为基础的。技术是一种实践性的技能和技艺，它存在于人类的一切活动之中，而实践是建立在技术基础之上的具有能动性的活动。因此，只有承认技术与实践的辩证统一关系，才能从

---

① 参见李三虎：《马克思的技术伦理思想及其地位》，《哲学研究》2005 年第 2 期。

根本上对技术进行伦理思考。现代教育技术应用作为一种实践活动，展示了技术与实践的辩证统一的关系，并可以用马克思实践论思想进行解释。

　　研究道德问题就要涉及"是什么"与"应该是什么"的辨认，这是与事实判断和道德判断的关系问题相关联的休谟难题。判断是逻辑思维的基本形式，有事实判断（是什么）和价值判断（应该是什么）两种表现形式。一般来说，事实判断是一种描述性认识，是对事实的认识和评价，而价值判断是一种规范性认识，是对主客体之间的价值关系进行评价。道德判断属于价值判断的一种，是根据良知及道德规范对事物进行的价值判断。因此，道德判断与事实判断不同，前者是"应然"的存在，后者是"实然"的存在；前者指向"应该是什么""应该如何"，后者指向"是什么""事实如何"；前者通常用态度和情感类词汇来表示，后者用事实描述类词汇来表示；前者以陈述主体性的事实为主，后者以陈述客体性的事实为主；前者基于感性推断，后者基于理性辨别。因此，道德判断与事实判断分别属于情感领域和理性领域，二者不可通融，即通过"是"不能推断出"应该"。

　　马克思分析得出了事实判断与道德判断之间的区别与联系，并试图用技术实践将二者结合起来。技术在道德判断与事实判断的统一过程中具有媒介作用。技术的桥梁作用使道德判断本身包含事实判断成为可能。马克思立足于社会技术整体论立场，恢复了事实判断和道德判断的现实整体关系，认为既不存在缺乏道德判断的事实判断，也没有所谓缺乏事实判断的道德判断，将事实和价值两者截然分割开来是对现实的技术实践的曲解。① 事实上，道德判断在事实判断之上，也就是"善"在"真"之上，

---

① 参见李三虎：《技术伦理的休谟难题解——走近马克思的技术伦理思想》，《探求》2005 年第 1 期。

事实判断是道德判断的载体，而道德判断为事实判断提供了合理性，二者互相依存。通过技术实践将二者统一起来，事实判断和道德判断的关系问题才得以疏通与解答。

马克思技术伦理思想启示我们，现代教育技术应用包含事实判断的"是"，并且可以从中判断出道德判断的"应该"的合理性。对教育技术的选择应用就是人与现实世界的关联，自然而然地负载了人赋予的某些道德评价。因此，人们可以通过对现代技术的教育功能的认识来理解对现代教育技术实践的态度。要将现代教育技术应用看作一种创造性过程，超越事实判断与道德判断的二分法，用道德判断的方法分析和澄清教育技术应用的伦理规范与原则要求，从而避免技术应用对教育造成负面影响。

二、技术异化论：批判现代技术对教育的异化

科技的发展使人的生活变得愈发便捷。然而，很多人觉察到，我们的幸福感似乎并没有随着现代技术的进步而增加。当我们和亲友用手机等信息工具进行交流的时候，那种面对面的亲切与"有朋自远方来"的欣喜似乎正在远去；当我们的教学被屏幕和音响占据时，教与学仿佛已经变成了一种与师生交流无关的技术展示；当我们享受高科技带来的各种便利时，心灵也仿佛变得空虚了……原来，技术在使用过程中不再纯粹为人服务，而是在一定程度上变成了统治人、压抑人的异己力量；技术在增强人们对外界事物的控制能力的同时，也破坏了人们原有的生活方式，带来精神上的乏力感。这正是技术异化人的表现。究其根本，技术异化就是人的技术活动及其技术产品反对人自身，使人丧失能动性并不断遭受技术带来的异己力量的奴役，导致人的个性被压制，只能片面甚至畸形发展。

技术异化的表现形式之一就是人之主体地位的丧失。马克思认为，技术本身是一种社会的进步杠杆而非统治人的力量，为人类对自然的改造提供了物质手段。但随着人类对自然控制欲的增强，人的价值实现问题逐渐淹没于利用技术征服自然的欲望中。根据马克思关于科技异化的思想，科技异化的根源并不在于科技本身，而在于科技的应用，科技对人的奴役其实质是人对人的奴役。①

技术本身是一种推动社会进步的杠杆，而非统治人的力量。马克思技术异化论启示我们，要用辩证唯物主义和历史唯物主义的观点，从生产力与生产关系的辩证关系理论视角和对立统一的视角来审视技术异化，用发展的眼光乐观面对。技术异化的消极性不可忽视，但也要看到它存在的历史必然性。技术异化及其消解展示了社会发展的图景：正是由于技术异化的不断产生与克服，社会才逐渐从低级走向高级，生产力和生产关系才得以不断发展。② 技术异化是对技术与人的关系的更深层次探讨。人为了使用某种技术达到特定的目的，而对自身及周围环境进行改造并适应，以致逐渐忽略了技术应用带来的负面影响，使得作为主体的人受到作为客体的技术的束缚、支配及压抑。这种情况在现代教育技术的应用中较为普遍。例如，在应用多媒体技术进行教学时，有些教师和学生常常不自觉地表现出配合多媒体的行为，不能像没有技术参与那样灵活自如地讨论与交流。这些技术被应用后，反作用于应用者而影响教学效果的现象就是技术异化教育的表现，需要教育者加以警惕。这种技术异化源于技术应用主体的矛盾性，主要体现在教育者和受教育者身上。马克思的技术异化论对于分析现代教育技术应用过程中存在的现代技术对人的异化、对教育的垄断等问题具有重要的指导意义，有助于引导教育技术应用规范的形成，为发展中

---

① 参见李桂花：《论马克思恩格斯的科技异化思想》，《科学技术与辩证法》2005 年第 6 期。

② 参见毛牧然等：《论马克思的技术异化观及其现实意义》，《科学技术哲学研究》2013 年第 1 期。

国特色社会主义教育技术理论提供了指导思想。

三、技术伦理观：重视教育技术应用的伦理价值

马克思就是从技术的双重属性出发，辩证地看待技术问题。他指出，技术负荷双重价值：正价值与负价值，这两者统一于技术伦理之中。于是，技术的悲观主义与乐观主义两个论点被统一，有助于警示人们在充分认识到技术正面作用的同时，警惕并预防技术可能带来的负面效应。马克思的技术伦理思想要解决的问题归根到底是技艺与价值的关系问题，他把技术伦理问题看作是融事实判断与道德判断于一体的实践问题，这有助于避免把技术看作是认识活动或者纯粹改造活动的两种极端，而且有助于避免把技术的外部社会伦理问题完全归于技术本身，而将其看作是各种社会力量的综合结果。① 正价值强调现代教育技术的应用应该合乎伦理。例如，合理使用教育技术有助于改善教学方法、优化教学模式、提升办学效益；熟练运用教育技术可以实现教育管理的自动化、规范化、精确化，也可以实现教学内容展现方式的多样化、教学情境的逼真化、教学资源的共享化、教学辅导的个性化，以及学习方式的协同化。这些合理应用，从长远看，有利于培养师生的信息素养、提高文化选择能力，具有正面的价值导向作用。负价值关注不合乎伦理的应用行为。例如，现代教育技术不当应用引发的课堂"机灌"现象，导致师生身心疲惫，割裂了师生交往中情感的沟通，抑制了创造力和想象力，造成高投入的先进技术与低产出的教育成效之间的矛盾，这些都是值得深思的问题。

既然技术是负荷价值的，那么技术就具有接受价值判断（以及道德判断）的能力。技术伦理的目标是让技术造福于人类。由于技术价值中性论

---

① 参见李三虎：《马克思的技术伦理思想及其地位》，《哲学研究》2005 年第 2 期。

与乐观主义技术决定论的长时间盛行，人们过分关注技术作为手段的意义，以及技术的正面效应，而忽略了对技术负向价值的考量。随着技术应用的逐渐深入，负面价值不断堆积，人们开始对"凡是技术上能够做的事情就应该做""通过技术来追求最大的效益"等命题产生了质疑，并通过技术伦理反思，正视和纠正现代教育技术应用中的负面效应。基于此，教育技术伦理不应为未来教育技术设定任何所谓的价值导向，教育技术的发展方向应由教育实践本身提出。教育技术伦理只需为解决涉及技术应用的教育冲突或伦理问题提供一种决策方法论。

综上所述，马克思技术伦理思想中关于技术中介、技术异化等思想对于教育技术伦理研究具有重要的借鉴作用。现代教育技术应用存在应然与实然两种状态，表现为事实判断和道德判断两个方面。当正价值与负价值同时显现时，应关注现代教育技术应用对于教育理念及社会价值体系的影响，尽可能地做到技术与教育的和谐发展。

第三节　责任伦理思想及其启示

技术进入伦理研究范畴，便不可避免地会承载担当、责任、义务等伦理特性。同时，随着技术的日益发展，负责任、尽义务成为技术应用的基本原则，责任意识逐渐被关注。责任伦理体现了人们应对技术问题的内在精神需求，现代教育技术应用需要责任伦理的观照。

一、技术责任主体

简单来说，责任就是负责。马克斯·韦伯于 20 世纪初最早提出"责任伦理"的概念，他认为一切有伦理取向的行为都受信念伦理或责任伦理的支配。① 一般地，责任伦理与信念伦理相对，强调行为后果的价值意义，是现代人所应确立的基本价值立场。② 在伦理学的语境下对责任进行界定，必然包含行为主体承担责任的依据、承担责任的程度，以及负责任评价的主体等内容。科技时代，责任伦理以新的视角对当代社会的权利与义务、自由与责任进行探索，体现出更高层次的伦理诉求。

对技术而言，责任伦理就是技术活动主体对技术设计、开发、应用、管理、评价的目的、后果、手段等因素进行全面的伦理考量，对过程中可能出现的责任关系、责任归因、责任原则、责任目的等进行伦理分析，从而确保技术主体自觉担当责任以实现技术活动的趋利避害、带给人们持久幸福。由此可见，责任是一个系统的有机体，其构成要素包括：责任主体即"谁负责任"；责任内容即"负什么责任"；责任客体即"对谁负责"；责任实现即"如何负责"。所谓技术责任主体，就是"谁对技术负责"。具体而言，技术的责任主体是这样的个体或集团：他们参与技术生产的过程，且对技术发明物或技术的应用效果负有相关的责任与义务，扮演责任人的角色。

根据现代教育技术应用所涉及的人员身份或角色，主要的责任主体可以划分成教育技术专业人员、教育工作者、学习者三类。其中，教育技术专业人员就是专门从事教育技术设计、开发、应用、管理、评价的技术人员；教育工作者就是应用教育技术进行教学、管理的人员，包括教师、教育管理者、教育行政人员等；学习者是指应用教育技术进行学习的人员，主要是学生群体。

此外，根据责任主体的个体与职业的关系，现代教育技术应用伦理责任的主体可分为团体和个体两类。教育技术专业人员和教育工作者属于教

---

① 参见［德］马克斯·韦伯:《伦理之业：马克斯·韦伯的两篇哲学演讲》，王容芬译，广西师范大学出版社 2008 年版，译序第 12 页。

② 参见贺来:《现代人的价值处境与"责任伦理"的自觉》，《江海学刊》2004 年第 4 期。

师团体，学习者属于学生团体。在教师职业团体中，每一位技术应用者都应同时具备两个基本条件：自由意志和职业判断力。前者保证责任主体能清楚自己的行为应承担的责任内容，后者通过职业伦理规范使责任主体能胜任自己的工作，即取得国家颁发的教师资格职业证书。责任主体因其社会角色的不同而承担不同的责任内容。教育技术应用责任主体应当对学生的发展负责，对眼前的、未来的技术应用后果承担责任。

二、技术责任客体及内容

明确了"谁负责"之后，就要确定"对谁负责"以及"负哪些责任"，即责任对象与责任内容。技术责任的对象，又称为责任客体，指的是技术应用的利益相关者，主要包括受众和社会两大部分。技术应用会影响接受者的思维方式和价值判断。首先，责任主体需要对技术接受者负责；其次，技术应用不仅影响接受者的意识形态，同时也对社会舆论造成影响，因此责任主体还要对社会发展负责。对于现代教育技术应用而言，不同的责任主体对应着不同的责任对象。教育技术专业人员的责任对象主要是使用教育技术的教育工作者和学习者。教育工作者的责任对象主要是学习者，学习者的责任对象主要是其本人。

责任内容即责任主体应当承担怎样的责任。我们不仅要为"所做的"负责，还要为"该做的"负责；责任分析可以从团体或组织等中观层面进行分析，也可以将其划分为宏观层面的国家责任和微观层面的个体责任。个体行为者作为行为主体，应该承担对自己、对他人、对社会、对自然的使命与职责。国家虽不同于一般组织或个人，但它同样是责任主体，应负有不可推卸的责任。

根据责任内容的内涵，从低到高可以将责任内容划分为法律责任、政治责任、道德责任三种类型。法律责任与政治责任则主要是依靠外在压力发生作用，是在相应的法律或纪律的约束下必须执行的责任，否则将会受到不同程度的追究；道德责任是社会关系中个人必须对他人和社会负有的使命与职责。此外，根据对责任后果归因的不同，可以将责任内容分为事后行为责任和事前预知责任；根据责任的履行方式，可以将责任内容分为角色责任和自然责任；根据责任的指向，可以将责任内容分为对自我的责任、对社会的责任、对自然的责任与对未来的责任。

总的来说，责任内容分类的标准是多样化的。人们可以根据具体的研究需要从不同角度对责任进行分类。值得注意的是，上述各种责任类型都具有主观与客观、绝对与相对的矛盾统一特征，所有的责任都具有前瞻性和整体性的特点。尽管有些技术本身对社会有益，但在其应用过程中，也可能会因应用主体的意识偏差而被滥用，从而对社会造成危害。因此，本书重点关注的是技术应用的责任。

根据以上责任内容的分类，本书按照责任者身份或角色的不同，将现代教育技术应用责任分成三大类：教育技术专业人员职业道德责任（包括未来责任、关爱责任、美德责任、角色责任等）、教育工作者职业道德责任（包括过失责任、成就责任、当事责任、关爱责任、美德责任、能力责任、角色责任等）、学习者道德规范责任（包括美德责任、能力责任、角色责任等）。

根据现代教育技术应用的责任主体的分类，其对应的责任内容分别有三点。

（一）教育技术专业机构的责任

该责任主要体现在优化现代教育技术的教育功能上，具体包括：教育技术专业组织应推进教育技术的体制改革；完善行业自律机制；规范从业人员的道德行为；把握教育技术应用的目的与使命，确保在追求教学效率的同时保证教学质量；确保组织内制定的方针与策略在价值层面上注重对应用者的人文关怀，充分考虑教育技术应用对学生、教师以及学校、社会等带来的多方面影响；精心设计和选择适宜的教学技术产品，以最大限度地促进教学、优化教育传播、提高教育质量，使教育技术在教育现代化中发挥重要作用。

（二）教育从业者的责任

该责任主要体现在处于现代教育技术应用环境之中的教师应担负的责任，包括：必须保持道德责任感和道德自律，具有道德理想、社会责任感；必须尊重学生、爱护学生；自觉提高道德修养，保持良好的道德模范形象，维护职业尊严，适度、适宜地应用现代教育技术。

（三）受教育者的责任

该责任主要体现在处于现代教育技术应用环境之中的学生应担负的责任，包括：认真学习，端正对待教育技术的态度，认清学习目标，区分学习手段与学习结果，自觉抵制技术依赖，注重技术应用要回归理性、回归人文。

三、技术责任实现

责任的实现，即责任主体"如何负责"，取决于责任的发生方式。技术责任的实现问题可以说是技术责任研究的最终目的。责任主体担负责任，不是依靠外力，更多是出于其内在的动机、意志和目的，通过内在力量将外在的他律性要求内化为个人的信念。作为教育技术应用者，应当强化自身的社会责任感，将个体的价值理念同社会道德规范相结合，勇于承担社会责任，不断提高自身道德素养，坚持真理，关怀教育，关注发展。同时，现代技术的责任应具有未来取向、自然取向、全球取向。

如何将责任负责到底呢？当前，责任伦理学中主流的三种方法值得借鉴：忧惧启迪法、公众参与法和制度机构法。

（一）忧惧启迪法

著名哲学家汉斯·尤纳斯重视"恐惧的震慑启迪作用"，认为责任的基本出发点既是基于对现实的观察又出自对遥远未来的预设。[①] 人们称他的这种思想为忧惧启迪法。这种方法从技术悲观主义的角度出发，着眼于避免极端的"恶"，基本出发点在于对现实的观察和对遥远未来的预测。对于现代教育技术应用而言，就是要避免技术应用带给教育的"恶"，尽可能预测技术应用的后果及其对教育的影响。预测教育技术应用的"恶"比预测其"善"更为重要。

（二）公众参与法

公众参与法是由美国著名技术哲学家卡尔·米切姆提出的，他主张建立一个由公众、技术专家、伦理学家组成的跨专业、各方广泛参与的共同体，一起对科学技术问题进行思考，以协调科技活动与公众利益之间的关系。[②] 这种方法基于技术乐观主义的角度，倡导合作责任，强调预防技术专家统治论。技术专家应当负有道德责任，不能独断专行，应让公众参与技术活动相关决策的制定。对教育技术应用而言，技术专家统治论容易把教育目的程序化，如果按照技术专家选择的程序，容易导致道德中立化。也就是说，在应用教育技术时，只要应用行为符合教学程序的要求，就无须进行"该"或"不该"的道德评价。这显然与教育本质相违背。此外，

---

① 参见李文潮：《技术伦理与形而上学——试论尤纳斯〈责任原理〉》，《自然辩证法研究》2003年第2期。

② 参见朱勤、莫莉、王前：《米切姆关于科技人员责任伦理的观点述评》，《自然辩证法研究》2007年第7期。

仅依靠技术与专家系统的教育决策与执行也是不可靠的。技术本身具有的不确定性，以及技术专家意见的不完全一致性，容易引发技术活动后果的高风险性。所以，公众参与法启示我们，在现代教育技术应用之前需要召开一个由专家和公众（师生）一起参与的"听证会"，让公众不仅可以维护自己的权益，也能发挥其对技术人员和教育人员的监督作用。

（三）制度机构法

技术伦理要付诸实践，无论工程师还是技术使用者都需要制度的支持，而制度机构是在由许多个人组成的集体的基础上加入了规范、规则、理念等成分，拥有共同理念和内部所有成员都必须遵守的规章制度。[①] 制度对于技术应用具有重要的指导作用，同时也是责任实现的重要手段。要对现代教育技术应用负责，离不开相应机构与制度的约束与保证，如成立教育技术伦理委员会等。这些机构在加强教育技术应用主体的技术伦理素养和职业道德规范等方面具有重要作用。例如，美国教育技术道德规范委员会从个人、机构、行业三个不同的角度对教育技术实践进行规范指导与约束，要求实践人员必须遵循正义、守信、仁慈、无害、诚信、尽量避免损失、利益最大化等原则，明确禁止道德失范行为，在推动美国教育技术合理规范应用方面发挥了重要作用。

第四节　教育伦理思想及其启示

现代教育技术应用不仅受到技术伦理、责任伦理的规约，更需要教育伦理的关怀。教育伦理学是关于教师及参与教育过程的其他人员的道德问

---

① 参见［德］C. 胡比希：《技术伦理需要机制化》，王国豫译，《世界哲学》2005 年第 4 期。

题的一门学科，是研究教育过程中的道德现象及其发展规律的学说。① 教育伦理学有两个主要研究对象：教育过程中人与人之间的道德关系，以及教育过程中的道德现象及其发展规律。可见，教育伦理保证了现代教育技术应用的基本价值诉求，为理解教育技术伦理内涵、教育技术应用的伦理关系以及教育技术的教学伦理特性提供了基本依据。

一、教育伦理内涵

教育不仅仅是传授知识的活动，更是培育德性的过程。教育活动始终以人的未定性为基础，因此具有关涉人之成长的伦理内涵。教育理想、教育目的和教育使命通过"人之成长"映现了教育的三种伦理特性：未来性、生命性、社会性。② 这三种特性反映了教育伦理的价值前提：教育关注未来的人，教育强调对人的"生命"的关怀，教育对人的关怀最终落实到社会性上。

教育伦理除了具有价值前提，还包括规范前提和责任前提。规范前提表现为教育必须用规范来过滤和落实伦理价值或伦理目的，包括"法权—伦理"规范、"德—才"规范、"教—学"规范。责任前提突出教育的责任特点，即教育是一种具有高度的责任感、使命感的活动。教育伦理的价值前提、规范前提和责任前提揭示了教育伦理的基本难题：实然与应然的矛盾、理性与情感的矛盾、知识与德性的矛盾。

实然与应然的矛盾是最根本的教育伦理难题，通常被称为"是"与"应该"的矛盾。"实然"通常是指一种事实状态，"应然"是一种理想状态，与价值、理想相对应。然而，怎样实现理想与现实的结合、实然与

---

① 参见施修华等：《教育伦理学》，上海科学普及出版社 1989 年版，第 1 页。

② 参见樊浩等：《教育伦理》，南京大学出版社 2000 年版，第 39 页。

应然的统一，是教育面临的根本性难题。正如教育技术应用的应然与实然那样，一个是理想状态，常常是人们对于技术应用带来的后果的一种理想追求；另一个是现实情况，总是存在一些违背人们意愿的状况。二者之间存在一定的差距，人们试图尽可能地缩小这个差距，以接近应然的理想状态。

理性与情感的矛盾也是教育面临的伦理难题。教育活动是一种理性的、规范化的活动，也是一种情感交融的活动，是"情"与"理"的统一。教育在伦理前提下以理性为基础，但也体现了情感的力量。正如现代教育技术应用体现出来的工具理性与人文情怀，前者注重技术操作带来的多信息量、加快节奏、省时省力的教学效果，后者着眼于技术应用带来的教育过程中人与人之间情感传递的质量。这启示我们，工具理性与价值理性正像是理性与情感的关系，在教育中不可偏废任何一方。合乎伦理的现代教育技术应用应该把理性与情感统一起来。

知识与德性的矛盾是教育的另一个重要伦理难题。知识与德性并非完全统一的。苏格拉底的"知识就是美德"遵循的是"以知识为主"、用"知识"统一"德性"的路线；而我国儒家一般强调用"德性"统一"知识"，强调"知行合一"。[①] 受中国传统德性伦理思想的熏陶，我国教育领域强调教育应该从偏重人的认知性发展的"知识本位"立场，回归到重视人的德性发展的"德性本位"立场上来，重视从德性生命的高度来认识和理解教育的目的、过程、对象、内容、方法等，形成以发展学生的德性生命为本的教育观、人才观、教学观、课程观。[②] 现代教育技术应用理应如此，在保证知识传递效率的同时，更要促进教师和学生品德的发展。

[①]　参见樊浩等：《教育伦理》，南京大学出版社 2000 年版，第 52—54 页。

[②]　参见吴安春：《从"知识本位"到"德性本位"——教师创造教育观的整体性与根本性转型》，《教育研究》2003 年第 11 期。

二、教育人伦关系

教育中的人伦关系，指的是在教育活动中形成的各类人际关系，主要包括教师与教师之间的关系、教师与学生之间的关系、教师与管理者之间的关系、教师与社会之间的关系等。其核心是教师与学生之间的关系。和谐的师生关系有助于提高师生之间交往的有效性，是顺利开展教育工作的必要条件。师生之间的伦理关系是教育活动的重要因素，它直接影响教学信息传递效果、教学气氛、师生情绪、学生思想品德等。和谐的师生关系是通过"教学相长"的互动而产生的，它包含了教师的善教、学生的乐学两个相互关联的方面。如何处理好教育中的师生关系，关键在于教师。教师应具有优秀的品质、熟练的专业教学技能，能够因材施教，引导学生主动探索。教师应遵循的基本伦理规范、行为准则和必备的品德主要有：热爱教育事业，具有高度的责任心和义务感；具有严谨的治学态度和方法，尽职尽责，诲人不倦；做到教学相长，为人师表；尊重学生，爱护学生；等等。

在现代教育技术环境下，教师的角色会发生一些变化。首先，教师成为了新型的知识传播者和教学组织者。随着信息技术不断融入教学，以及"以学生为主体"的支架式、抛锚式、启发式等教学策略的广泛应用，原本"教师—学生"的关系逐渐演变为"教师—技术媒体—学生"的新型师生关系，教师开始担当教学媒体设计专家这个重要角色。其次，对教学信息的加工与组织成为教师主要的教学工作。在数字化时代，教师既要从浩如烟海的信息资源中选取适宜的教学信息传递给学生，又要启发并激励学生融入有数字技术工具参与的教学情境中，不断提高学生的数字素养。再次，教师要关注学生道德品质的塑造。在数字化环境中，教师是学生行为的引导者，通过言传身教，帮助学生甄别和选择信息，从而避免被不良信息侵害，引导学生成为道德高尚、人格健全的人。最后，教师要树立终身学习的目标，不断更新教学理念。教师应积极主动地对信息环境下的教与学的变革进行探究，努力成为研究型教师。现代教育技术环境下的师生关系应该是合作的、共赢的，教师的主要职责是帮助、引导、组织学生学习，师生间要形成平等的对话关系和对知识加工再创造的伙伴关系。只有这样，在教师的主导下，以学生为主体的数字化教学活动才能顺利开展，新型而和谐的师生关系才能在现代技术的支持下得以塑造和完善。

三、教学伦理特性

教学作为一种实践活动，从来都是负载价值的，具有先天的伦理特性。教学是促进人发展的活动，其本身就具有独特的伦理基础。教学中的民主、平等、自由、责任等都是教学伦理的主要范畴。教学伦理是从教学论和伦理学的视角关注教学中的伦理现象，进而揭示教学的伦理内涵及伦理规范。[1] 教学的伦理特性的根源在于教学对象的可能性生长以及教学的教育性和交往性。教学本身内蕴的伦理特性突出表现在提高道德水平、培养理想人格和调节教学关系上。教学中但凡涉及实践选择的场景，无一不伴随着伦理困境，对教师的道德感、伦理有效性、伦理专业性产生冲击。[2] 事实上，不同种族、地区、价值观念之间的伦理冲突在教学的各个环节，是无法回避的，因而教学过程必须明确肯定某些伦理价值而否定另一些伦理价值，必须反映一定的伦理价值倾向和伦理思想。[3] 如何寻求教学有效性与教学合伦理性的平衡，是当前教学伦理研究的重点。

现代教育技术应用在实践中的伦理问题是相当复杂的。在确定的教育

---

① 参见熊川武等：《教育研究的新视域》，辽海出版社 2003 年版，第 354—362 页。
② 参见卢乃桂：《教育弘道——卢乃桂教育文选》（下），南京师范大学出版社 2019 年版，第 371—377 页。
③ 参见胡斌武：《教学伦理探究》，四川教育出版社 2005 年版，第 8 页。

环境中，教师往往对"应该如何做才是合适的"感到困惑不解。这些伦理困境主要来源于外部的技术操作规范与教学要求、内在的个人伦理信念之间的冲突。[①] 比如不同规范之间的冲突。教师在处理相关教育技术应用问题时，需要与各类人群互动。涉及人际伦理规范、教学工作的专业规范、技术操作性规定、自我保护规范等，在不同交往情景中，可能会有多个规范同时发挥制约作用，但它们又可能是彼此冲突、无法同时遵循的。再如外部要求与个人伦理信念的冲突。在当前高度重视问责制的教育改革背景下，许多教师认为数字化教育资源所强调的统一性与自己教学信念的独特性相悖，他们难以同时履行自己所坚守的正义、关怀与诚实原则，常处于外部要求与教师职业道德冲突的两难境地。

教学伦理特性对教育技术应用具有重要的启示作用。第一，教育技术的伦理特性体现在教育对象的可教育性和教学过程的交互性上。教育技术应用具有提高学习者道德水平、培养理性人格和优化教学关系的伦理特性。第二，教育技术应用以促进学习者的发展和师生之间的交往为伦理基础，这不仅要求有正确的伦理价值取向，还需要可操作的伦理规范体系。第三，教育技术应用不仅要遵循科学的操作规范，而且要符合伦理正当性标准，在追求效率的同时确保教育的质量。

以上主要从与现代教育技术应用联系较为紧密的四种伦理理论视角出发，分析了这些伦理思想的重要作用及其启示。概括来说，重要启示主要有以下三点。

第一，在理念上，现代教育技术的应用应立足我国实际发展情况，遵循马克思主义的指导思想，强调责任意识，追求教育至善等基本理念。中国传统的技术伦理思想指导我们，现代教育技术的应用应以"以道驭术"

---

① 　参见卢乃桂、王丽佳：《西方教学伦理研究的路向与问题》，《全球教育展望》2011 年第 8 期。

为基本理念，以"以人为本"为价值归宿，以"经世致用"为突出特点；而马克思技术伦理思想则为我们从实践的角度理解教育异化、教育技术的伦理价值等提供了理论依据；在责任伦理中，有关责任主体、责任对象、责任内容以及责任策略的理论为现代教育技术应用责任的研究提供了新的视角；在教育伦理中，关于教育伦理精神的思想对我们端正教育技术应用的态度具有重要的监督功能，教学伦理特性对于现代教育技术应用的"优化教学"的目的性具有实践价值。

第二，在方法上，现代教育技术应用应以责任伦理思想为基本指导原则。具体来说，要强调技术应用主体作为责任主体应具有的权利与义务，强调责任主体应"负责任地使用"现代教育技术，在具体应用过程中，使用责任伦理学中流行的忧惧启迪法、公众参与法、制度机构法来规约现代教育技术的应用行为。同时，教育伦理中的人伦关系理论为有现代教育技术参与的师生关系的健康发展提供了方法指导。

第三，在视野上，为进一步研究教育技术伦理问题打开了多种可行的思路。教育技术伦理研究的伦理关系、伦理边界等基本学理问题可以进一步充实教育伦理学的研究内容；当代责任伦理在不断发展，可以为教育技术研究提供新鲜的"养料"；中国传统技术伦理思想属于中国传统文化的一部分，因此，基于中国传统伦理的教育技术研究也在走向文化学的研究思路上。

综上所述，现代教育技术应用的伦理思考需要从古今中外的伦理思想中汲取养分。本章之所以重点选取了我国传统技术伦理思想、马克思技术伦理思想、责任伦理思想、教育伦理思想等几种较为典型的伦理思想作为代表，主要是为了与本书的研究思路相一致，并不存在某种理论上的偏见。在此，本书还要重申几点。一是本书的理论立场主要是中国传统技术伦理思想和马克思技术伦理思想。从某种程度上说，这是马克思主义中国化时代化在教育技术伦理研究领域的具体表现。以此为基础的教育技术伦理理论的发展也是中国特色教育技术理论中不可缺少的重要组成部分。二是教育技术应用伦理研究不应局限于以上四种主要的伦理思想。随着伦理学研究内容的不断细化，还会孕育其他同样具有重要引导作用的思想。而且，不同的教育技术应用形态具有不同的伦理价值取向，因而需要从不同的伦理角度加以阐释。三是现代教育技术应用伦理研究是涉及教育学、伦理学等多学科交叉的研究，因而有必要从不同学科角度不断完善已有研究体系。

第三章　现代教育技术应用的伦理规约

中国传统技术伦理思想、马克思技术伦理思想、责任伦理思想、教育伦理思想等相关理论为现代教育技术应用提供了伦理分析的重要依据。本章继续对现代教育技术应用的伦理应然进行深入探寻，具体围绕目标、过程、结果三个环节展开，力求通过应用动机"善"和应用过程"善"，达到应用效果"善"。

第一节　现代教育技术应用目标的伦理约束

关于现代教育技术"为何而用"的争论，实际上是对现代教育技术应用目标的探讨，是教育领域尤其是教育技术领域反复讨论的问题，也是必须做出解答的关键问题。从伦理学的角度对现代教育技术应用目标进行价值分析，可以从教育性要求、规范性要求、责任性要求等方面进行。

一、教育性要求

现代教育技术的应用价值到底为何？从价值哲学的角度分析，价值表现为主客体的关系，即价值客体对价值主体的意义性，是价值主客体在相互作用过程中的客体主体化和主体客体化。因此，现代教育技术的应用价值表现为技术客体对教育主体（其实质是教育活动中的人）的功能性，是技术与教育在相互作用中的技术教育化和教育技术化的价值实现与价值创造的过程。

　　具体而言，技术教育化是技术不断融入教育的各个环节，从而促使教育不断革新，使技术的教育价值得以实现的过程，体现为技术的育人性、伦理性、可控制性等特征。而教育技术化是教育凭借人文特性而作用于技术，把育人目标投射到技术之上，促使技术按照教育的需要而发展，是教育价值被技术改造的过程，表现为教育的信息化、网络化、智能化、多媒化等特征。在探讨教育技术价值时，应同时关注教育技术化和技术教育化两个不可分割的过程，不可偏废一方，既不能过于强调技术的手段作用，也不能仅仅关注教育的人文影响，而是要辩证地认识和把握教育与技术的相互作用，既要充分看到技术手段带给教育体系不可逆转的改变，也要加强教育对技术的规约与引导，使之不断趋向教育的本真。

　　然而，当前教育领域对教育技术价值的认识却存在不同主张，主要反映在教育原理和教育技术两个专业领域研究群体的思维差异上。前者认为教育技术研究过分关注技术应用的效果而回避教育的人文性是不妥当的，忽略教育本身对技术的制约与引导是危险的；后者则强调现代教育离不开技术要素，看重技术带给教育的正面效用，认为当前的教育研究缺乏对教育技术价值的充分认识。这两种主张都是对教育技术应用的反思，分属于人文性和工程性两种教育技术哲学研究派别。前者通常悲观，后者大多乐观。前者过分强调教育的规约作用而忽视了技术的教育功能，教育学理论研究领域呈现的重思辨而轻实践、追求教学至善而忽视学以致用等特点就足以证明；后者则看重技术给教育带来的种种利好而忽略了技术对教育系统的深层次改变，以及教育对技术的规约作用，教育技术学科领域所表现的重开发而轻理论、追求前沿技术引进而忽视应用效果总结等特点就是例证。

　　教育技术由教育的要素和技术的要素共同构成。从伦理的角度分析，教育研究者及教育工作者应在关注技术带给教育有效性的同时，不忽视教育对技术的规约与引导作用，从调和中寻求合理应用教育技术的方式方法，促进教育的现代化。现代教育技术应用须以关注未来的人的发展为伦理前提。首先，现代教育技术是促进受教育者不断发展的手段，具有关怀未来的价值导向。其次，现代教育技术应用应以尊重人的成长、尊重个人自由、尊重个体差异等生命关怀为基本原则。这是教育技术赖以存在与发展的前提条件。最后，现代教育技术应用应落实在社会伦理价值层面。教育不可能脱离社会的需求，同时教育也承担着改造社会的职责和使命，因此教育技术应用应符合社会的需求，通过优化教育资源、推进教育改革来提高社会的活力，加强文化的影响力，提升国家的竞争力。

然而，随着现代技术的快速发展，我们掌握了多种现代教学技术却常常提笔忘字，我们为适应快节奏的学习方式而忽略了内心感受，我们的传统习俗、社会信仰、集体价值开始变得薄弱，这些便表示我们的文化和教育陷入了尴尬的境地之中。现代技术放大了视听，使人们倾向于使用图像和数据构建世界，受到数字化意识倾向的冲击。教育处在不断被技术化、产业化的危险之中，慢慢游离了教育本来的目标，具体表现在以下两点。一是教育目标模糊。数字化时代，世界的基础从物质性的原子转变为信息性的比特，因而人们对世界的认识状态被信息量的剧增所改变。虚拟实践成为新的认识方式，形成了"以比特为基础的思考"的认识论特征，信息思维代替实体思维，呈现出全新的思维形式和认识图景，实现了一场"从A（Atom）到B（Bit）的革命"[1]。于是，教育本身的文化选择与传承的功能开始被弱化，教育的导向功能变得不够明显。二是教育技术应用目的脱轨。教育技术应用的目的理应是促进教育的最优化，确保技术为教育服务。遗憾的是，有的教师却过分依赖多媒体技术，长时间进行屏幕播放和演示，导致课堂气氛沉闷，抑制了学生的想象力和创造力的发挥，不利于

---

[1] 肖峰：《信息主义及其哲学探析》，中国社会科学出版社2011年版，第76页。

培养学习的积极性与主动性。更有甚者因为教育技术操作不熟练，浪费了大量的课堂教学时间，扰乱了课堂秩序，妨碍了教学目标的实现。有些现代教育技术应用在不知不觉中转换了教育目标，使教育技术看似完成了"优化教学"的目的，实质上却是改变了教学原本的价值追求，违背了技术应用的教育性要求。

为确保应用目的的纯粹性，现代教育技术应用目标的确立应遵循教育性原则。第一，以具体的教学目标分类（如认知、情感、动作技能等具体领域目标）为基本出发点，关注技术在不同类别的教学目标实现过程中的功能，辅助各种教学目标顺利达成，从而促进学习者的发展。第二，以尊重学生为根本应用目标，以学生为基本服务对象，以促进学生的发展为基本前提，这是现代教育技术应用的最根本目标。第三，以优化教育资源、促进教育公平、推进教育改革等社会责任为必要目标，通过现代教育技术应用，改善教育资源不均衡、教育机会不平等的状况。

二、规范性要求

随着技术批判的深入，对现代教育技术价值问题的讨论逐渐让位于伦理规约的探讨。现代教育技术在其应用过程中逐渐形成了各种"规范"，使得技术对教育的渗透和教育对技术的约束互相转化。可以说，现代教育技术应用以规范来过滤和落实教育价值。这些规范既有对具体操作的要求，又有保证教育活动正常进行的实施建议；既包括对技术操作者的教育性要求，又包括对教育工作者的道德规范要求。这是规范伦理学对现代教育技术应用研究的重要启示。

从规范伦理的视角对教育技术应用目标进行分析，意在探索人们在应用教育技术时的合理性原则，包括对教育技术应用行为性质进行善与恶的判断、对教育技术应用的方式方法进行正当与否的衡量，同时，针对教育技术应用行为带来的具体问题进行道德原则的一般解释与说明。现代教育技术应用的规范在特定时期是相对稳定的，但并非永恒不变的。根据规范内容的不同，可以分为"法权—伦理"规范、"德—才"规范、"教—学"规范三个方面。

首先，"法权—伦理"规范是现代教育技术应用的总体性规范体系，既包括法权规范，又包括伦理规范，是两者的统一。其中，法权规范是一种制度性的公共活动领域的规范，除了法律的强制性规范，还包括为教育活动的正常有序进行所必需的学校纪律、各种教育体制、教学秩序等一系列规范。这些制度性规范旨在体现教育精神所要求的"公正""平等"和"人道"。伦理规范通常由责任和义务构成，是一种具有内在制约力量的规范体系。现代教育技术应用的伦理规范是学生和教师在技术应用行为过程所表现出来的一种内在规范，本质上属于自律道德的范畴。法权规范和伦理规范共同构成现代教育技术应用的规范体系。

其次，现代教育技术应用的"德—才"规范是指教育必须为培养德才兼备、全面发展的人这一基本规范服务。现代教育技术应用既要促进个体全面、健康发展，又要求个体具有社会责任感，关心他人、社会、国家和自然。德才并举是现代教育所应遵循的培养规范。

最后，现代教育技术应用必然要受到"教—学"规范的制约。"教—学"规范是一种教与学的活动规范，包括教师的师德规范、学生的师道规范、师生交往规范、教学多样性规范、教学课程体系规范等。现代教育技术实践应真正体现教学规范的先进性。

因此，确定现代教育技术应用的目标应遵循规范性原则。这意味着现代教育技术应用应在"法权—伦理"规范、"德—才"规范、"教—学"规范的制约下进行，以遵守公民道德规范、技术应用的法律法规、学校纪律等制度性规范为目标，为培养德才兼备的社会型人才服务，并体现教学的规范性和先进性。

三、责任性要求

对于现代教育技术应用而言，规范性要求其实是一种他律形式。而责任伦理则源于责任感、使命感，其实质是一种自律的道德方式。对现代教育技术应用目标进行责任层面的解读，可以使现代教育技术应用规范进一步地转化为应用主体的责任。

鉴于教育本身就是体现责任意识、弘扬责任理念、培养责任个体的活动，现代教育技术应用作为教育的辅助手段，也应该具备高度的责任感和使命感。因此，我们必须突出应用主体的责任感、责任意识和责任行为。这正是技术应用者这一特殊伦理实体的内在规定性。一个完整的责任体系必然包含使行为主体承担责任的依据标准、责任主体、责任对象、责任种类和责任途径等内容。具体而言，责任标准指的是行为主体应当遵循的规范；责任主体是指谁来承担责任；责任对象是指对谁负责；责任种类是指负有何种类型的责任；而责任途径则是指如何履行责任。

首先，现代教育技术应用的责任标准只有一个，即促进教学。我们可以通过教学目标是否达成、教学过程是否顺畅、学习者的学习积极性是否得以调动、学习者的学习效果是否明显等具体教学表现来判断技术应用在何种程度上促进了教学。现代教育技术应用的责任是指教育技术组织（一个伦理型共同体）对其人员提出的具体道德要求，并对接受教育技术影响的受教育者负责。现代教育技术应用的责任主体主要是技术应用者，包括教师、管理者和其他相关人员。此外，从事教育技术研究的工作人员因其研究结论或教育思想对教育技术应用实践产生影响，因此也应成为责任主体之一。

其次，现代教育技术应用的责任对象主要是受到教育技术影响的受教育者。然而，教育技术共同体除了对受教育者负责，还应当对教育的社会影响负责，对国家负责，即必须为国家培养合格的接班人，承担改造社会的责任。这些责任具体包括选择教育技术的过失责任、成就责任、当事责任、角色责任、未来责任、关爱责任、能力责任等。同时，为了体现权利与义务的对等原则，教师还应认真履行育人职责，热爱教育事业，承担起对自己、学生、社会、国家的责任，以此感染学生，使他们成为具备道德责任感的人。

最后，现代教育技术应用的责任主体应当打破学科壁垒，积极担当，实现责任任务。切实有效的责任实现方法将使现代教育技术应用展现焕然一新的面貌。有学者曾热切呼吁教育学原理与教育技术学两大阵营的对话，希望通过两大阵营的对话来寻求诸如"技术应用怎样才能带来好的教育效果""什么导致了教育技术应用上的误区""现代信息技术的应用对学生和教师带来怎样的影响"等问题的答案。[①] 教育的出发点是人，在技术时代中人如何学习，是现代教育思想和现代教育技术需要共同面对的基本问题。教育学原理与教育技术学两个专业共同体对该问题负有直接责任，都是现代教育技术应用的重要责任主体。只有两个专业之间进行深度对话，从教育技术的人文性和工具性两个角度共同探索现代教育技术应用问题，才能超越不同理论思维之间的隔阂，共同推动教育的现代化进程。

因此，确立现代教育技术应用目标还应遵循责任性原则：第一，现代教育技术应用应该以对受教育者、国家、社会等责任对象承担起教育责任为目标，将现代教育技术负责任地应用于教育教学活动之中；第二，现代教育技术应用应该对促进教育理论与实践的沟通交流负有责任，借鉴公众参与和制度机构等的责任实现方法，通过技术在教育活动中的应用来验证教育理论的实践性，从而弥合不同理论思维之间的鸿沟。

教育性原则要求我们从技术与教育的关系层面寻求现代教育技术如何

---

① 参见杨小微、金学成、杨帆：《教育现代化理论与技术的对话——教育学原理与教育技术学两大阵营的对话》，《开放教育研究》2006 年第 5 期。

优化教育效果的答案；规范性原则预示教育技术的应用规范与道德规范之间的联系，其实质可以归结为技术应用与价值取向的关联；责任性原则呼吁人们在面对现代教育技术应用实践时应承担起教育责任、社会责任、未来责任等重任，真正达到现代教育技术应用的教育目的。需要注意的是，教育性、规范性、责任性等要求，只是从不同视角审视现代教育技术应用目标的体现，在具体内容方面不可避免地存在相互交融的现象。如果对现代教育技术应用目标提出更多的伦理要求，我们还需要进一步对技术应用的具体动机、偏好进行系统的分析。

第二节　现代教育技术应用过程的伦理调适

在现代教育技术应用目标符合伦理要求的前提下，对应用过程的伦理关注实质是对现代教育媒体的选择、操作及创新应用进行伦理调适，具体包括教学目标的设计、教学媒体的选择、教学内容的呈现和师生关系的调节等内容。通过对这些过程进行伦理调适，能够促使现代教育技术应用过程符合道德要求。

一、对教学目标设计的伦理嵌入

在现代教育技术应用过程中，教学目标设计是一个极为重要的环节，它在很大程度上决定了技术应用的方向。在这个阶段，关于现代教育技术的应用范围和规模等问题得以初步明确，技术应用的行为意向基本确定。把教育价值和技术规范等伦理要求嵌入教学目标，就意味着教学从一开始便负载了特定的伦理价值。

首先，在教学目标确定过程中嵌入现代教育技术应用的伦理目标。为了限定现代教育技术的使用范围和界限，教学目标的选择与制定不仅要遵循教与学的基本规范，防止现代教育技术本身潜在的工具主义倾向，同时，还要遵循教育求善和育人的伦理前提，避免陷入工具应用至上的无教育或反教育状态，以确保现代教育技术应用行为不对教学造成伤害。这种技术理念和教育理念的价值调和，是现代教育技术应用需要遵循的最基本的道德义务。只有嵌入了现代教育技术应用的伦理目标，才能指引教学在理性的轨道中前行。

其次，在教学目标实现过程中促进各级规范制度的建立。为了实现教学目标，需要预先定义使用哪些技术手段、在哪些环节使用等基本问题，并根据现代教育技术的不同类型，从制度伦理的角度建立使用规范，以确保技术应用的质量和效率。制定现代教育技术应用规范需要明确以下内容：规范的适用范围和目的；规范的对象、责任主体；具体的技术方法、工具系统、技术标准等。同时，从德性伦理的角度出发，应提高使用者和受用者的道德觉悟和权责意识，完善自律公约，促进教育素养和信息素养的有效融合，从而创造良好的技术融合教育环境和道德风气。

最后，在教学目标评价过程中嵌入伦理责任，明确现代教育技术使用者的责任范围。在描述教学目标达成度的指标体系中需要包含现代教育技术应用的责任实现与义务担当的相关说明，以体现技术应用对教师和学生的影响。作为拥有技术应用权的责任主体，教育者不仅要履行保证技术应用质量、保障教学安全等义务，还要承担向受教育者告知信息安全等责任；不仅要承担教育使命、社会责任、职业道德等伦理责任，维护受教育者的权利，还要对教育技术应用行为带来的后果负责。

二、对媒体选择和内容呈现的伦理渗透

教学媒体是教学的媒介和传播工具，它在学与教之间起到桥梁和纽带

的作用。仅仅关注使用教学媒体来提高教学内容的呈现效果是远远不够的，教学媒体的使用还应当体现人文精神。教学媒体一方面承载着教育信息，是最基本的教育资源；另一方面，它作为教学系统的重要组成要素之一，也是教育现代化的重要标志。因此，对教学媒体进行伦理规范，也是对教育现代化的伦理关怀。

教学媒体具有一些共同的特性：稳定性，能够稳定地记录和储存教学信息，以便在需要时再现；可传播性，能够将各种信息传递到一定的距离，使信息在更广泛的范围内再现与共享；可重复性，即可以重复使用，以适应师生的需要，并扩大受益面；组合性，多种媒体可以根据教学活动的需要进行组合和使用。不同类型的媒体具有不同的教学特性，不存在一种万能的超级教学媒体。要使用教学媒体来促进教学，就需要进行选择。选择教学媒体既要依据媒体的类型及特点，充分发挥媒体自身的功能优势，还要根据教学目标、教学内容、教学对象以及可能的客观条件来选择合适的媒体，坚持教学媒体为教学服务、为学生服务的宗旨。为了体现教学的伦理性，在选择和应用教学媒体时应注意以下事项。

一是以学习者为中心，突出教学媒体促进学生发展的本真目的。换句话说，选择教学媒体需要从学习者特征分析入手，根据学生的年龄、兴趣、动机、知识基础和认知特点进行选择。例如，小学生的认知特点以形象直观为主，课堂学习的注意力集中时间有限，需要老师给予适当的激发和提醒。因此，可以选择一些生动形象、声情并茂的多媒体信息，在符合小学生认知特点的前提下激发小学生的学习兴趣。而中学生的认知具有抽象思维的特点，可以选择传统媒体，如黑板、书本等，以加强他们的思维能力训练。

二是坚持媒体为教学目标服务，体现教学媒体的教育功能。一堂课的教学目标往往不止一个，不同的教学目标对应的教学内容、教学方法、教学组织形式等各不相同，因而需要不同的教学媒体进行辅助。同时，各个学科的教学内容也不同，因此教学媒体也会有所偏重。那种不顾教学目标而千篇一律使用同一种教学媒体的"为用而用"的行为是不符合伦理的。

三是从教学实际条件出发，体现教学媒体的教育伦理特性。首先，教学媒体应发挥其本身内蕴的提高学习者道德水平、培养理性人格和优化教学关系等伦理特性。其次，教学媒体不仅要遵循科学的操作规范，而且要符合伦理正当性标准，在追求效率的同时确保教学的质量。最后，根据资源状况、经济能力、师生技能、使用环境、管理水平等客观教学条件选择媒体，积极应对教育不民主、信息量过度、教育不公平等伦理问题，坚持低成本、高效能的选择原则，最大限度地降低教育成本，优化教育环境，关注教育过程的公平性、教育评价的道德因素等。

教学媒体呈现的教学信息大多包括教学内容及其辅助信息。因此，在关注现代教育技术应用的伦理问题时，还应考虑教学内容的组织与呈现这一关键环节。教育伦理的基本特征预示了教学内容本身所蕴含的伦理价值。一方面，人们总是在一定的价值观念指导下组织与呈现特定的教学内容，个人的伦理价值观念被嵌入教学内容之中。另一方面，教学内容本身会体现出一定的伦理价值。尤其是在人文学科课程中，崇高善良的内容、道德理想、人格追求彰显了教学内容的伦理特质。

那么，如何通过教学媒体将教学内容内在的伦理蕴含呈现与发挥出来？或者，这些教学内容应该如何组织才能体现其伦理特性？首先，教育者要正确认识教学内容的地位。教学内容通过对一定文化问题的关注而对学生施加一定的精神影响，从而达到教育目的。教学内容是教与学的中介，是选择教育方法、教学媒体的主要依据。教学内容的选择过程就是教师自身价值观与教学内容本身价值观的综合体现。其次，教育者要区别对待不同学科的教学内容，明确哪些内容适宜用多媒体展示，哪些内容用多媒体反而不利于学生掌握知识。再次，教育者要充分了解教学媒体的使用场合。比如，作为教学内容的重要载体，多媒体课件在教学中适用于以下三个环节：创设情境、突破重点难点、促进自学。根据教学环节的需要，教师应该根据场合选择适宜的媒体形式以呈现相应的教学内容。最后，教育者要根据学习者的身心发展特点来选择并组织教学内容。根据认知发展阶段理论，不同年龄段的学生具有不同的认知特点，因而对教学内容呈现方式的需求也不同。

此外，好的呈现方式同时还依赖于规范的媒体操作技巧。首先，教师选择教学媒体应在课前试用。试用原则体现了教师对学生负责、对课堂负责的良好职业素养。教师提前测试教学媒体的可行性，熟练媒体的操作步骤，并预测教学媒体在应用过程可能出现的偶然事件，进而做好充分的准备，将有利于教学的顺利开展。其次，教师对试用成功的教学媒体进行负责任的使用。这种负责任具体表现在严格按照规范操作、轻拿轻放、节约用电、爱护设施、主动承担媒体使用后果等。教师担负对教学媒体使用的责任感，通过言传身教，潜移默化对学生产生重要的影响，有助于培养学生良好的行为习惯和高尚的道德品质。再次，"用而不依赖"。教学工具的现代化并不能代表教学的现代化，一味追求"为用而用"或"为省力而用"等观念对学生的发展、教学的有效性无益，与伦理相悖，需要摒弃。最后，公平、有效、安全、规范地操作。教师在操作过程中要确保所有学生都能清楚地接收教学信息，并保障所有学生的安全。有些媒体工具可能会对人的健康与安全造成一定的影响，因而操作过程中要保证安全性，提高技术应用的预期效果。而且，操作教学媒体本身就属于一种模范行为，教师应加强数字伦理的宣传，介绍相关伦理知识，示范伦理技能，尽可能地提高学生的数字伦理素养。

三、对师生关系的伦理关怀

课堂是现代教育技术应用的主要场所，教师在课堂上扮演导演的角色，而学生是课堂的主角，良好的师生关系是课堂优质教学的保障。师生关系是现代教育技术应用伦理研究中不可缺少的重要环节，是确保现代教育技术应用充分发挥积极效果的有力推手。

一般而言，师生关系包括师生伦理关系和师生情感关系。伦理关系明确了教师与学生各自的责任、义务及权利，为双方确定了基本的行为准则。其中，尊师爱生是对师生关系最基本的要求。同时，师生之间健康的情感关系对师生的思想、行为等具有重要的推动作用。例如，在现代教育技术参与的课堂教学中，教师与学生（个体或群体）进行交往和沟通时，教师选择和使用的教学手段、教学方法等会对学生的情感产生一定的影响，师生之间的情感关系也会随之变化。同时，在师生交往中，学生能够感受到教师的情绪反应、责任感等伦理特性，从而对其成长产生一定的影响。

然而，师生交往的效果在很大程度上取决于教师和学生对于各自角色及其关系的认识。在现代教育技术环境下，教师不再是传统意义上的知识传授者、教学掌控者，学生对教学信息拥有一定的掌控权，不再是被动接受者。二者之间的关系因为现代教学媒体的参与而发生了很大的变化。因此，在现代技术参与的课堂教学环境中，师生角色和师生关系都需要重新定位。

在传统教育活动中，教师是社会行为规范和道德标准的引领者，教师的行为表现应符合社会的核心价值体系。教师的社会角色主要包括单向的知识传播者、权威的教学信息所有者、模范的道德监督者等。而学生的学习是逐渐形成世界观、人生观、价值观的过程，需要在教师的指导下成长为对社会负有责任的全面发展的人，学生的社会角色更多的是被动的知识接受者、模仿者、发展中的人。教师和学生的角色定位相对单一，教师以其在知识、技能、道德方面具有的文化权威身份处于师生交往的中心地位。教师和学生之间是指导与被指导、管理与被管理的长幼型人际关系。

在有现代技术参与的现代教育活动中，教师的角色发生了变化。他们不再是知识的唯一掌控者，而是学生学习的引导者、参与者和道德感染者。在整个教学过程中，教师扮演着多重角色：教学目标的制定者；教学资源的收集者、加工者、传播者、管理者、评价者；教学活动的组织者、参与者、引导者、负责人。学生的角色不再是纯粹的知识被动接受者，而是学习的主体。教师和学生之间的关系也从管理与被管理的关系逐渐演变为朋友、合作者、伙伴等关系。需要指出的是，这种变化并不意味着教师地位的弱化，恰恰是教师职能的时代特色的多元化体现。现代技术改变了传统的教学模式，将学生的知识、技能的习得与多种素养的培养相结合，进一步突出了学习者的主体地位。

要在现代教育技术应用过程中协调好师生关系，最重要的是提高教师的现代教育技术应用能力，促进教师的专业化发展。2004 年，教育部颁布了《中小学教师教育技术能力标准（试行）》，确保了中小学教学人员、中小学管理人员、中小学技术支持人员应该具备教育技术应用的专业技能，在很大程度上为更好地协调现代教育技术环境下的师生关系提供了制度保障。[①] 该标准对教师在应用现代教育技术过程中所应具备的能力进行了详细的规约，具体包括意识与态度、知识与技能、应用与创新和社会责任四个部分，并详细界定了教师的具体角色及其职责，如教学评价者和反思者、终身学习者、信息加工者和管理者、教学目标制定者、教学评价实施者、教学研究者、学习合作者、引导者等。在"社会责任"部分，明确指出教师的社会责任包括公平利用、健康使用、有效应用、规范行为四个方面（如图 4-1 所示）。

---

① 参见《教育部关于印发〈中小学教师教育技术能力标准（试行）〉的通知》，2004 年 12 月 15 日，见 http://www.moe.gov.cn/srcsite/A10/s6991/200412/t20041215_145623.html。

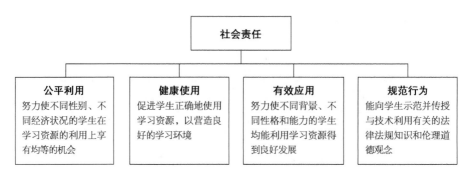

图 4-1　现代教育技术应用人员的能力标准体系结构之社会责任

2014 年，教育部办公厅印发了《中小学教师信息技术应用能力标准（试行）》。其中指出，教师在应用信息技术优化课堂教学方面，应"具备信息道德与信息安全意识，能够以身示范"；在应用信息技术转变学习方式方面，应该"帮助学生树立信息道德与信息安全意识，培养学生良好行为习惯"。[①]

2018 年，教育部发布了《中小学数字校园建设规范（试行）》。该规范一方面要求学生要"具有信息保健意识，能避免因不当使用信息技术导致对生理和心理产生不利影响；具有分辨有用与有害信息的意识，能安全、健康地使用各种信息；了解信息安全常识，积极维护信息安全"。另一方面，也要求教师"能示范并道德规范地使用信息技术，帮助学生树立信息道德与信息安全意识"。[②]

2022 年，教育部发布了《教师数字素养》标准，要求从数字化意识、数字技术知识与技能、数字化应用、数字社会责任、专业发展五个方面系统发展教师的数字素养，提升教师利用数字技术获取、加工、使用、管理

---

① 参见《教育部办公厅关于印发〈中小学教师信息技术应用能力标准（试行）〉的通知》，2014 年 5 月 28 日，见 http://www.moe.gov.cn/srcsite/A10/s6991/201405/t20140528_170123.html。

② 参见《教育部关于发布〈中小学数字校园建设规范（试行）〉的通知》，2018 年 5 月 2 日，见 http://www.moe.gov.cn/srcsite/A16/s3342/201805/t20180502_334759.html。

和评价数字信息和资源，发现、分析和解决教育教学问题，优化、创新和变革教育教学活动的意识、能力和责任。[①]

以上这些关于现代教育技术应用的要求及规范突出体现了国家对教师应用教育技术的伦理要求，也为数字化环境中师生之间伦理关系的维持提供了理论支撑与方法指导。

第三节　现代教育技术应用结果的伦理评价

符合伦理要求的应用目标，以及受到伦理规约的应用过程，共同铺设了现代教育技术应用结果的伦理底色。把握现代教育技术应用的伦理尺度，借助道德的力量进行规引和评价，是应对教育领域技术对德性的挤占、工具理性对价值理性的僭越等伦理困境的必然选择。

一、评价主客体及评价依据

对现代教育技术应用结果的评价，是对现代教育技术应用的"好"与"坏"进行判断，其基本出发点是承认"技术悖论"的存在，即认为技术具有积极和消极的两重性，承认现代教育技术产生的结果与其要实现的目的可能相背离或不一致。

所以，我们将现代教育技术与现代教育技术应用区分开来，避免直接评判现代教育技术本身的"善"与"恶"，而对其应用的结果进行"善"与"恶"的判断，进而批判无约束、无节制、不合理的技术应用方式所带

① 参见《教育部关于发布〈教师数字素养〉教育行业标准的通知》，2022 年 12 月 2 日，见 http://www.moe.gov.cn/srcsite/A16/s3342/202302/t20230214_1044634.html。

来的负面结果。这种价值判断更多地从伦理的视角来进行，故称为伦理评价。

对现代教育技术应用效果进行伦理评价，就是指评价主体依据一定的伦理道德标准和原则，对特定的伦理行为作出好与坏、善与恶的价值判断。具体来说，这种伦理评价包括评价客体、评价主体、评价标准等基本要素。

（一）评价客体

现代教育技术应用结果作为一种技术伦理事实的既成状态，表面上属于伦理评价的评价客体。但事实上，作为现代教育技术应用者的个体才是最根本的客体，涉及使用现代教育技术的多个群体，如教师、学生、教学管理者、技术人员等。鉴于教师是主要的技术应用者，本书仅选择教师作为分析对象，将对现代教育技术应用结果的评价简化为对教师应用教学媒体行为结果的评价。

（二）评价主体

通常情况下，对教师的评价包括自评和他评两种。教师自评是教师本人对自身的教学行为进行评价，属于职业认知中的元认知策略。他评则包括同行评价、专家评价、学生（或家长）评价三种常见形式。为方便分析，本书主要选择同行评价和专家评价两种形式。因此，对现代教育技术应用的伦理评价被限定在"他律"的方式之中。对现代教育技术应用结果的评判，有助于教师反思其教学媒体的应用理念及过程，进而由"他律"转变成自律，将其内化为自身的伦理理念。

（三）评价标准

伦理评价标准就是评判一种行为是否与伦理相关，以及是否具有符合伦理规范的要求。这里的标准仅体现了人们对社会伦理规范的基本认识，并非具体且详细的操作指标。根据教师现代教育技术应用行为是否与伦理相关，可以将其行为结果评判分为与伦理相关的结果和与伦理无关的结果。根据行为结果的"善或恶""正当或不正当"等标准，可以继续把"与伦理相关的结果"评判为合乎伦理的结果和不合乎伦理的结果。合乎伦理通常是指坚持对的和善的基本原则的行为。反之，就是不合乎伦理。"与伦理无关的"应用行为结果，根据应用主体是否意识到应用行为的道德性，可分成有意识的无关伦理行为和无意识的无关伦理行为。前者的行为主体认为不需要对现代教育技术应用行为进行道德判断；而后者的行为主体由于缺乏道德敏感性，仅根据一定的法律或规章制度行事，忽略了现代教育技术应用行为可能带给他人不良影响。通常，"与伦理无关的"行为结果不在伦理评价的关注范畴之内，因此本书只对"与伦理相关的"现代教育技术应用行为进行评价。

"合乎伦理的"现代教育技术应用行为是教育与社会所提倡的教学活动，它体现了教学活动中的"善"；"不合乎伦理的"现代教育技术应用行为是教育与社会所禁止的教学活动，它体现了教学活动中的"恶"；"与伦理无关的"现代教育技术应用行为是善恶不明显的教学活动，它表现了教学活动中道德意义上的"常态"——在教育领域所提倡的和所禁止的现代教育技术应用行为之间，存在一个中间地带。

综上所述，对现代教育技术应用行为结果的评价，其着力点在于面对教育技术应用活动中存在的伦理问题时，如何选择一种合乎伦理的应用行为，使现代教育技术被道德地应用，远离不合乎伦理或不道德的应用行为。

二、规范伦理学的方法指导

规范伦理学作为在伦理学体系中长期占据主导地位的理论类型，

为现代教育技术应用的伦理评价提供了方法指导。伦理学因研究方式的不同，一般可以分为四种类型：描述伦理学、元伦理学、规范伦理学和应用伦理学。其中，描述伦理学和元伦理学不采取特定的道德立场，因此被称为"非规范方式的伦理学"；规范伦理学和应用伦理学则选择一定的道德立场，故被称为"规范方式的伦理学"。

综合国内外相关研究，规范伦理学（侧重于道德规范的论证、制定、实施）和非规范伦理学（侧重于逻辑分析）基本反映了伦理学研究的方法论视角。具体来说，描述伦理学的任务是对道德行为如实描述，从而为伦理学研究提供经验材料，对规范伦理学提出的道德原则、规范合理性进行实践检验。元伦理学是一种运用逻辑和语言学方法分析道德概念的哲学理论，主要任务是对人的行为、思想和语言中规范的道德成分进行分析，与道德实践相脱离。非规范伦理学不制定行为规范，但却可以为道德规范的制定提供实验材料和科学的方法论指导，从而加强规范伦理学干预生活的能力。规范伦理学研究道德上的是非善恶标准，确定道德规范和论证道德判断，讨论道德规范和道德判断对人类行为、品质、制度和生活方式的影响。而应用伦理学是伦理学研究中的规范研究方式之一，主要任务是把伦理学理论应用于具体实践之中。由此可见，规范伦理学通过探讨人们的行为准则，论证及制定道德规范。

规范伦理学简单分为两大阵营：一派是以预期可能发生的结果来判断行为的伦理含义，认为目的可以使手段合理化、行为动机并非特别重要的因素；另一派则认为在评估一项行动是否合乎伦理时，应该用预先决定的准则进行判断，而不是以预期的行动结果来做合适的选择，动机是作抉择的关键因素。这就是通常所说的规范伦理学的主要理论流派：目的论和义务论。

（一）目的论

又称为效果论，是以行为所实现的目的和结果作为评判道德善恶的依据，具有感性主义的特点。目的论又有利己主义和功利主义之别。利己主义目的论以追求个人的快乐为最高目的，因此备受争议；而功利主义目的论以追求绝大多数人的最大幸福为目的，关注"善"的最大化和结果的最优化。功利主义有两种代表性的观点：行为功利主义和规则功利主义。前者主张人的行为应是理性而自主的，只要其结果可产生最大的效益就应该是好的、正确的，不应当用规范来约束；后者以社会公众的利益为目的，事先界定出具有普遍性效益的伦理规则或道德规范，在制定规则时就应考虑到大多数人的最大利益，以作为所有个别行为预期效益的依据。[①] 所以，狭义的目的论一般指的是行为功利主义，强调行为带来的最大效益。

（二）义务论

又称为准则论，与目的论相悖，强调评判道德善恶的依据在于动机，在于行为本身是否出于义务、应当和责任，是否遵循一定的道德原则和规范，具有理性主义的特点。康德主义、规则功利主义、社会契约论都是基于规则的伦理理论，这些理论都认为一种行为在道德上是否正确，取决于它是否符合正确的道德规则。每种理论都有不同的方式来确定正确的道德准则。康德主义主张道德是一种普遍化的绝对命令，规则是人的意愿和行动理由，应当把人作为互相平等的道德主体来尊重，人是目的而非工具；规则功利主义强调"每个人都始终应当确立和遵循会给一切相关者带来最大好处的规则"[②]；社会契约论认为"道德存在于规则之中，在大家都遵从这些规则的情况下，理性的人为了达到互惠互利的目的，也会接受这些规则"[③]。

[①]　参见姚大志：《当代功利主义哲学》，《世界哲学》2012 年第 2 期。

[②]　[美] 雅克·蒂洛等：《伦理学与生活》，程立显等译，四川人民出版社 2020 年版，第 44 页。

[③]　[美] 迈克尔·J. 奎因：《互联网伦理：信息时代的道德重构》，王益民译，电子工业出版社 2016 年版，第 51—62 页。

基于马克思主义伦理学的主张，在道德行为过程中，动机和效果是辩证统一的关系。总体上，动机和效果的善恶是一致的或相同的。任何动机都包含着对某种效果的追求，而任何效果都是在某种动机的支配下造成的。因此，除一些特殊情况之外，动机和效果的善恶价值是统一而不可分的。

除此之外，还有一种超越目的论、义务论的规范伦理学思考模式，即德性论，又称为美德论。它不同于目的论、义务论的思考模式，而是以人应该具备怎样的品德和如何完善道德修养等问题为中心，超越了行为的后果或动机，重点关注做人的标准，即"我应该成为什么样的人"。美德是人类为了达到繁荣和真正快乐而必须拥有的性格特征，正确的行为是善良的人在相同情况下基于自身性格所作出的反应。根据美德论，道德决策不能被简化为一套规则的常规应用，而应该通过检查行为者在特定情况下的行为来判断其是否具有一个正直人的性格特征。美德论能够为个体提供道德的生活理念，培养个体的道德情感与道德人格，为道德教化提供理论指导。①

事实上，伦理规范的目的论、义务论、美德论都有其优缺点。目的论注重对行为后果的分析，强调"好的效果"，却可能忽略个体内在的道德品质；义务论把是否履行了某种义务作为善恶的主要评价依据，强调"做好事"，却忽视了道德价值的客观性；美德论注重德性或道德品质的形成，强调"做好人"，却难以实现对行为的具体明确的指导。可见，没有一种理论是完美无缺的，这三种理论各有所长，是相互补充的。目的论和义务论侧重于道德规范及原则的制定，属于他律策略；美德论则追求个体美德的形成，是自律的行为。对同一种现代教育技术应用行为

---

① 参见赵永刚：《美德伦理学：作为一种道德类型的独立性》，湖南师范大学出版社 2011 年版，第 216 页。

可以从不同的角度加以分析，而每一种分析角度可能需要的理论框架不同。所以，采取绝对化的态度而选择一种伦理理论视角是极端的、危险的。在进行伦理判断时，应尽可能地避免一种理论的缺陷与不足，将目的论、义务论、美德论三种理论综合分析，根据不同的情况，合理、恰当地运用，扬长避短，实现自律与他律的统一。例如，当强调现代教育技术应用行为的道德价值时，就需要目的论的辩护；当要维护现代技术与教育的和谐伦理秩序时，就需要义务论对行为进行明确具体的指导；当要塑造现代教育技术应用者的良好道德品质时，则离不开美德论的支持。只有将规范与美德相统一，才能够促进现代教育技术应用按照道德生活的内在必然性发展，实现技术与人文的统一，促进规范与价值的和谐共生。

　　基于此，对现代教育技术应用进行伦理评价应当综合考虑三种理论思想，根据需要选择其中一种或几种。伦理评价现代教育技术应用的逻辑框架如图 4-2 所示。

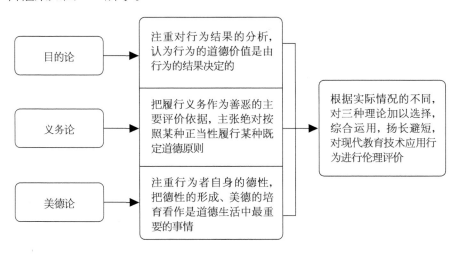

图 4-2　伦理评价现代教育技术应用的逻辑框架

　　在对现代教育技术应用结果进行评价时，应以规范伦理学为主体，在现象中把握规则，在反思与批判中求证善恶，不断把现代教育技术应用结果的外在伦理要求和内在价值标准用多种形式的道德准则呈现，从而形成系统的伦理规范体系。同时，还要通过元伦理学和描述伦理学的研究方法，对形成的规范体系进行道德语言分析和逻辑证明，加强规范体系的客观性和科学性。

三、评价过程及注意事项

在确定了对现代教育技术应用结果进行伦理评价的主体、客体、依据和方法等内容之后，评价主体选定相关政策规定、道德标准等规则作为评价标准，以此来判断现代教育技术应用行为是否关涉伦理。即识别其是否属于伦理问题，然后按照规范伦理学的方法对伦理问题进行判断，确定其是否有违相关道德规范或行为准则，进而寻得应对策略。

教育部于 2012 年颁布的《国家教育事业发展第十二个五年规划》对现代信息技术应用之于教育的功能给予了肯定。① 同年，教育部印发《教育信息化十年发展规划（2011—2020 年）》，确立了我国教育信息化的发展目标，强调了信息技术与教育的有效融合，并指出信息技术要对教育改革起到支撑和引领的作用。②2018 年，教育部印发《教育信息化 2.0 行动计划》，来应对人工智能、大数据、区块链等技术的迅猛发展在理念、文化和生态方面带给教育的重大变革，强调信息技术与教育教学的深度融合。③ 国家对教育信息化的重视，反映了现代信息技术应用对于教育教学

① 参见《教育部关于印发〈国家教育事业发展第十二个五年规划〉的通知》，2012 年 6 月 14 日，见 http://www.moe.gov.cn/srcsite/A03/moe_1892/moe_630/201206/t20120614_139702.html。

② 参见《教育部关于印发〈教育信息化十年发展规划（2011—2020 年）〉的通知》，2012 年 3 月 13 日，见 http://www.moe.gov.cn/srcsite/A16/s3342/201203/t20120313_133322.html。

③ 参见《教育部关于印发〈教育信息化 2.0 行动计划〉的通知》，2018 年 4 月 18 日，见 http://www.moe.gov.cn/srcsite/A16/s3342/201804/t20180425_334188.html。

的重要价值。实践证明，现代教育技术应用对推进教育现代化、培养信息时代的创新型人才具有至关重要的作用。概括来说，现代教育技术应用的积极价值主要体现在以下三点。

第一，有利于创新人才的培养。现代教育技术的应用以建构主义学习理论为基础，注重对学生发散性思维等创新性能力的培养。同时，基于计算机等多媒体的教学软件应用得当则有利于培养学生的直觉思维、形象思维和逻辑思维，基于网络的合作教学、研究性学习等新型教学方式为学生的发散思维、辩证思维、合作精神、信息素养的培养提供了有力支持。

第二，有助于教育改革的推进。《基础教育课程改革纲要（试行）》关于"教学过程"的改革要求是："大力推进信息技术在教学过程中的普遍应用，促进信息技术与学科课程的整合，充分发挥信息技术的优势，为学生的学习和发展提供丰富多彩的教育环境和有力的学习工具。"[1] 由此可以看出，现代教育技术应用在信息技术与课程整合、教师信息技术应用能力提升、网络教学和远程教育等方面能够发挥重要的作用。

第三，有助于教育理念的革新。现代教育技术应用不仅给教育教学带来了技术的工具因素，同时也将技术本身负载的理念因素融入教学。这种内隐的技术理性通过影响师生的思维方式、行为习惯，改变了教学活动中师生交往的方式以及教师与学生的角色认知。此外，教育信息传播在时间和空间两个维度发生了变革，终身学习和开放学习等理念成为了必然。

现代教育技术应用显示了积极效用，加快了教育现代化的进程，有利于教育的良性发展，因此是关涉伦理的。同时，这些良性应用符合技术伦理和教育伦理的规范要求，又是合乎伦理的。

然而，有些应用却将现代教育技术强行"塞入"教学中，"为了用而

---

[1] 《教育部关于印发〈基础教育课程改革纲要（试行）〉的通知》，2001 年 6 月 8 日，见 http://www.moe.gov.cn/srcsite/A26/jcj_kjcgh/200106/t20010608_167343.html。

用"，这无益于教学效果的提高，是一种"刻意的做法"，有违伦理要求。

合乎伦理的现代教育技术应用是值得提倡与肯定的，但需要预防与抵制不合伦理的应用。在对现代教育技术应用行为结果进行评价的过程中，应首先厘清现代教育技术应用的伦理问题事实，然后明确相关理论与原则，将伦理问题事实与伦理原则框架相比较，从而得出基本的伦理判断。也就是说，通过将现代教育技术应用中的伦理"实然"问题与伦理评价主体的道德原则、道德情感和道德规范等"应然"参照相比较，正确区分并找寻二者之间的差距，使"实然"向"应然"转化。对此，本书借鉴美国学者理查德·斯皮内洛伦理学分析的一般框架，设计了评价现代教育技术应用结果的具体过程，详见表 4-1。[①]

表 4-1　对现代教育技术应用结果进行伦理评价的具体步骤

	具体步骤
1	明确提出现代教育技术应用结果中的伦理问题，识别行为主体与利害关系人
2	判断伦理问题的正当性：是否公平、有效、健康、规范地应用
3	分析是否关系到现代教育技术应用的规范，确定应用哪些伦理理论、原则与规范
4	从一种或多种伦理学理论视角对道德问题进行分析，寻找最适合的伦理解释
5	如果关系到应用的规范原则，将规范与伦理解释相比较，确定优先考虑哪一个
6	制定行为规范或准则并考虑执行策略

教育最基本的伦理精神是"崇善"。教育要从"善"的目的出发，通过实施"善"的教育过程，达到"至善"的目标。而这个过程就是"教育应然"，是教育在可能的条件下应该具有的状态以及达到的目标，这是一

---

① 参见［美］理查德·斯皮内洛：《世纪道德：信息技术的伦理方面》，刘钢译，中央编译出版社 1999 年版，第 58 页。

种理想化的状态，并受到道德法则的制约。然而，教育过程是极为复杂的，教育"善"在实施过程中经常受到各种因素的影响，而导致出现某种偏离或偏差。这种偏差就是"教育实然"。"教育实然"是一种教育事实状态，是教育在发展过程中实际达到的水平和现状，它受到自然因果规律的制约，与事实、经验相对应。"教育实然"与"教育应然"这对矛盾的概念构成了教育伦理的基本问题之一。"教育应然"指引和规定"教育实然"，"教育实然"制约"教育应然"；"教育应然"体现了一种教育理想和教育精神，"教育实然"反映了教育实际和教育问题。教育发展必须以"教育应然"为基本前提，并不断用"教育应然"去规范"教育实然"，从而逐步达到"教育至善"。

第四章 现代教育技术应用的伦理困境

在教育数字化转型的大背景下，信息技术凭借自身具有的技术逻辑，持续地以新型教学手段与信息化教学方法的角色融入教育教学活动。实际上，几乎每一项新技术在试用成功之后，都会被率先引入教育领域。严格来说，这是一种技术渗透行为。技术自身的自主性特征决定了它必将对其所参与的教育活动产生深远影响，乃至改变教育活动本来的样貌，呈现出显著的教育技术化趋势，从而不可避免地触及一系列伦理难题。本章旨在梳理现代教育技术应用的伦理现实，通过聚焦电子书包、数字资源、教学媒体、网络教学等具体技术应用现象，深入探讨当前教育技术应用面临的伦理困境。

第一节 教育数字资源应用的伦理困境

教育数字资源是指经过数字化处理后，能够为教育教学服务的知识、资料、情报、消息的集合，包括文本、图形、图像、声音、视频、动画等多媒体信息资源。作为现代教育技术的核心表现形式，教育数字资源具有数量巨大、动态变化、增长迅速、内容丰富、形式多样等特点。近年来，在教育数字资源应用过程中不断暴露出侵犯知识产权、泄露学生隐私、妨碍数字公平等伦理难题。

一、青少年使用电子书包的伦理争论

电子书包是教育数字资源的典型代表，对它的推广使用引发的伦理争论由来已久。近年来，教育界、出版业以及电子产品公司围绕电子书包的讨论异常热烈。电子书包作为现代教育技术的一种表现形式，自20世纪90年代起，便被世界各国争相研发与推行。简而言之，电子书包是一种专为课堂教学设计的多媒体无线电子设备（可以简单理解为进入课堂的笔记本电脑），具有家校沟通、掌上阅读、在线书写、作业评价、测试等多种教育功能，能够提供丰富的数字化教育资源，涵盖中小学全部教科书内容。电子书包作为传统书包的替代品，将学生所有的课本、笔记本、作业等学习资料全部存储在数字设备中，让学生告别了背负沉重书包上学的日子。

电子书包进入课堂后，学生使用平板电脑来替代印刷书本。上课时，师生启动教学系统，输入个人信息，在通过验证后进入相关课件。师生完全通过操作电脑在网络上互动，以完成各自的教与学的任务。电子书包之所以被津津乐道、争相应用，原因有很多，其中最主要的是人们认为依靠先进的信息技术手段可以帮助学生减轻学习负担，有助于提高课堂教学效率。那么，电子书包能否成为教育信息化的重要推手？能否承担"减负"的重任？人们对这个话题的讨论，逐渐形成两种观点。

第一种观点认为电子书包利大于弊，它应该进入课堂。支持者们如IT公司、教材出版商、电教部门等，提倡电子书包进入中小学的课堂。主要理由包括：电子书包能够提高课堂教学效率，便于实现网上互动；电子书包不仅能减轻学生肩膀上的负担，更重要的是，能把学生从"灌输式"的教学方式中解放出来；电子书包取代沉重的印刷书本将是未来的发展方向，不可阻挡；等等。持这种观点的人认为，电子书包可以革新教学模式，加快教育现代化进程，促进创新型人才的培养；即便其暂时存在某些缺点，但随着技术的进步，这些缺点将会被解决。

第二种观点认为电子书包不应走进课堂。一些家长、教师、教育研究者，反对电子书包走进课堂。主要原因有以下几点。一是信息化教育资源过多。当前中小学教育的突出问题是学生学得太多、学得太早，而非学得少、学得晚。过于丰富的教学资源其实大都是压力。二是从健康成长的角度出发，学生不宜长时间盯着电子屏幕。学生最重要的任务是健康成长，学校应该多增加户外活动时间，并引导学生观察大自然、观察社会。而电子书包的屏幕存在潜在的电磁辐射，对学生视力和身体健康有着极大的伤害性。三是学生过多使用电子书包等信息技术产品，容易加剧对于技术手段的依赖而影响其创造能力的提升。教师则容易采纳定向化、模式化的教学方式，这会束缚学生思维的发展，不利于学生想象力的发挥。四是不利于学生社会交往能力的提升。从人际互动来讲，网络交流不同于人与人之间直接的情感交流。同伴之间亲密的友情互动、师生之间直接的感情交流，对于提高学生的社会性交往能力具有重要作用。而这也是电子书包无法取代的。五是技术监控力度不足。少年儿童自制力相对较差，使用电子书包后，如何监控他们的学习行为，将是无法避免的问题。学生的主观学习、自控能力可否得到发展，学生会不会沉迷于多媒体信息，电子书包对学生传统的书写能力、动手能力造成不良影响等问题都成为了讨论的焦点。六是电子书包使用起来并不是完全方便的。如果出现故障或者断网等情况，正常学习如何继续、能否与传统学习方式无缝衔接等，都是随时可能遇到的现实问题。此外，电子书包应用成规模后，与电子书包配套使用的翻转课堂、对分课堂、混合式教学等教学模式是否有助于提高教学质量，仍有待实践检验。

综上所述，对于电子书包是否该进入中小学课堂，有拥护者也有批判者。拥护者大都持乐观态度，认为电子书包作为时代的产物，其应用与推广是一种趋势，尽管面临一些问题，也可以诉诸技术更新去解决。而反对者则表现为两类。一类是乐观主义的反对者，另一类是悲观主义的反对者。前者并非反对电子书包这一趋势，而是对在教学技术应用上的冒进行为表示不满，强调要对电子书包的负面影响进行理性分析并试验之后才能试用与普及。而后者则持技术悲观主义的论调，主要对目前有些学校陷入技术崇拜的困境表示担忧，担心电子书包会导致人文关怀的缺失和传统文化符号的萎缩，因此抵制其应用与推广。

结合相关伦理理论，本书有以下四个观点。

第一，电子书包之所以在中小学教学中被争相应用，这与其本身所具有的教育性功能是分不开的。首先，电子书包作为一种现代教育技术，具有促进教学改革和提高教学质量的可能性。但是这种可能性只有通过被合理应用才可以显示出来。其次，电子书包的应用是教育信息化的一种必然趋势，符合教育发展的需求，应该理性对待。最后，电子书包等数字教育资源在教育中的应用得益于教育信息化，要警惕出现数字鸿沟。

第二，电子书包作为一种标准化的数字化教学课件包，采纳统一的课程内容、课程要求和固定的教学流程，具有技术自主性。使用电子书包的教学俨然成了标准化人才的"加工厂"，在教育目标上强调统一性而忽视了学生个体的多样性与差异性，在教学过程中强调学生对权威的服从性而忽视了学生的主动性，在教学评价中强调目标的达成而忽视了个体创造性的培养。因此，在使用过程中要强化教师的指导作用，正确把握好电子书包（教学资源和工具）与教师（资源使用者）、学生（资源接受者）之间的关系，警惕电子书包在教学过程中因程序的操作而隐蔽或遗忘民主、自由、责任等教育伦理精神，预防师生之间的情感和伦理关系在电子书包的操作过程中被淡化，将违背教育伦理精神的不合伦理因素阻挡在电子书包应用之外。

第三，电子书包的应用将会加剧教育的不公平程度。由于经济发展的不平衡，发达地区与欠发达地区的教育差距明显。发达地区和欠发达地区普及应用电子书包的进度不同，这势必继续拉大教育投入与教育资源分配的不公平，导致不同地区的学生群体在信息获取、知识习得等方面存在差距，造成信息时代的社会公正问题——数字鸿沟。

第四，电子书包的应用可能会带来技术异化。电子书包的应用使得教学变得非常便捷，然而教学的有效性是否得到了提高呢？当我们使用电子书包上课时，师生之间面对面的交流与争论逐渐减少甚至消失，我们的思路常随着超链接的牵引而迷失方向，我们越来越离不开网络，我们的学习主动性逐渐被信息技术掌控……离开电子化的学习环境，我们几乎无法正常学习。这就是技术在应用过程中从为人服务的角色转变成统治人、压抑人的力量，这便是技术异化现象。因此，我们要警惕电子书包带来的技术异化的可能性。电子书包对人的奴役不在其技术本身，而在于人们对电子书包无限度地应用。电子书包的角色是辅助教学，而不是完全取代教学。

二、教育数字资源应用中的数字鸿沟

电子书包等教育数字资源的不均衡应用，引发数字鸿沟现象。事实上，教育要体现社会公正，就应该引导社会遵循公正的道德准则，实现权益的合理分配，以此保障道德的延续和推动社会的和谐发展。然而，数字鸿沟的出现，暴露了社会在教育信息资源、教育技术拥有程度和利用深度等方面的不公平，加剧了信息时代教育的差距。这正是技术应用带来的教育资源分配上的新难题。

现代技术的应用使教育规模不断扩大的同时也带来了教育资源的不均衡发展。这种技术应用带来的"马太效应"，突出表现在拥有优势教育信息资源的地区或人群往往能够更容易获得更多更好的教育与经济收益。而层出不穷的新技术不断增大信息量，但其信息效益却不被整个社会所均分。

随着更新周期不断缩短，可能"老沟"未平而"新沟"又起。这种状况在城市与农村的差距方面尤其突出，二者的教育资源差距越来越明显。因此，现代教育技术的不断更新可以促进教育信息的共享，有利于教育全民化、终身化，却也加速了信息迷航、数字鸿沟的出现，强化了知识的集权化。

近年来，随着移动互联网的成熟应用，"第二道数字鸿沟"日益扩大。如果说，随着经济社会的发展和政府扶持力度的加大，"第一道数字鸿沟"——接入鸿沟正在逐渐缩小，那么"第二道鸿沟"——教育数字资源应用鸿沟却不断显现。

首先，新媒体的娱乐性超越了教育性，导致沉迷于手机游戏、刷短视频成瘾的青少年越来越多。教育新媒体在融合了传统教育媒体综合功能的基础上，扩展了新媒介的娱乐性，这大大吸引了学生的注意力。新媒体的普及在增加学生充分利用移动资源获取学习信息的机会方面的正向价值还未得到证实，负向价值却已经凸显。越来越多的学生在功能多样的新媒体环境中逐渐失去了自我，而本该用于学习的时间和精力被占用。

其次，学生个体之间的文化素养差异导致更深"知识鸿沟"的出现。新媒体时代，学生的数字素养差异不仅体现在学生个人使用信息的意愿上，还体现在个人文化素养上。

最后，新媒体的发展会加大人与人之间的认知鸿沟。新媒体的发展改变了人们的生活方式，促进了知识的传播。数字化生活方式背后隐藏的是社会经济地位差异带来的知识分布的不均衡。尤其在大数据的时代背景下，智能推荐算法带来的"信息茧房"效应，加大了人与人之间的认知鸿沟。

可见，现代教育技术的应用并非越多越好。在培养学生的情感、态度、价值观方面，其成效还存在疑问；在优化教学、提高教育质量方面，仍存在争议；在解决教育公平等问题上，仍然面临重重困难。当教育过度依赖现代技术无所不能的逻辑时，教育就会变成技术化的实践，在内容和形式上留下技术化的痕迹，导致教育的人文特性被掩盖，教育的效率与质量也难以实现平衡。面对教育数字资源的应用，我们应以乐观的态度，理性分析其可行性及可能带来的后果，并积极引入伦理学等人文因素进行规约。

第二节　课堂教学媒体应用的伦理困境

近年来，以信息技术为主的现代教学媒体在课堂教学中得到了充分应用。这不仅促进了信息技术与教育的深度融合，同时也引发了一些教学难题，如媒体依赖和泛娱乐化倾向。

一、教学媒体依赖现象

现代课堂教学的技术依赖是教育信息化过程中的特有现象，它的出现具有必然性。在现代信息技术日益深入影响教育发展的当下，此问题已经引发了人们的广泛关注。尤其近年来，以数字技术为主的现代多媒体教学手段得到了广泛的应用。然而，在教师使用现代教学媒体的过程中也出现了一些问题，比如传统课堂变成了教师播放 PPT，在线教学变成了教师隔空播放课件。教育技术的应用成为一种繁荣的假象，主要表现在使用教学媒体进行教学作秀、信息技术融入课堂教学只是名存实亡、教师信息素养培训只是走马观花、信息技术与课程"整"而不"合"等现象上。这无不在说明一个事实：教师对现代教学媒体的依赖已经影响到了正常的教学活动。

好的教学应该与教师良好的教学技术应用能力相匹配。教师如何使用技术来主动促进教学，保证教学过程的流畅、高效，而不是依赖技术被动教学，是决定信息化课堂教学好坏的一个重要因素。过分依赖教学媒体等技术要素，是一种技术异化教学的表现，主要有以下特点。

一是支配性。"支配"表现为多媒体技术对教学活动的支配。多媒体技术的出现使教学内容的呈现形式由单一的板书和讲解转变为图、文、声、画。因此，利用多媒体进行教学在一定程度上调动了学生的学习积极性，有助于提高课堂教学效率。于是，面对深度融合于教学的数字媒介，一些教师开始沉溺于多媒体教学的稳定性和持续性，逐渐形成了教学惯性和惰性，甘愿接受多媒体技术的支配。尤其是随着智慧课堂的不断发展，大数据分析中算法推送带来的"信息茧房"效应日益凸显，一些教师不再坚持自己的理性判断，盲目听信算法推送的"标准答案"，认知开始退化，对数字化媒体产生了精神性依赖。但是，任何教学形式都有两面性，并非所有科目都适合使用多媒体进行教学，也不是所有教学改革都需要技术的支持。例如，传统的书本阅读所具有的文化功能，在数字媒体时代仍然不可低估。在看似枯燥的文字阅读中，学生的抽象概括和逻辑推理能力将得到积极有效的锻炼，这不仅有助于学生培养独立思考的意识和习惯，也能促进学生自制力的发展。因此，那些人文的、注重理性思考的教学还是要还原到传统的文本阅读之中才能更好地促进学生思维的锻炼。

二是否定性。"否定"表现为多媒体教学形式对传统教学形式的否定。多媒体技术所表现出来的众多优势，是以往传统教学形式所不具备的。再加上传统教学方法比较单一，一些教师想当然地认为传统教学没有多媒体教学效率高。久而久之，教师越来越偏向于使用多媒体进行教学，对多媒体教学形式越来越依赖。[1]实际上，教师应该深刻认识到多媒体教学形式的利弊，只有多种教学形式相互补充，才能更好地优化教学，提高教学效率。

三是强迫性。"强迫"表现为教师不得不使用现代教育技术进行教学。

---

[1]　参见吴俊杰、张新明:《技术异化理论对多媒体教学的几点启示》,《中小学电教》2011 年第 12 期。

教育教学环境中普遍安装的现代教育技术设备预设了一种"强制使用""被迫使用"的情况。教室里配置的多媒体教学设备时刻提醒教师和学生要打开电脑、播放课件、使用多媒体技术。如果没有打开或充分使用多媒体设备,很容易被误解为教师未按时到课或备课不充分,学生也可能感到不方便做笔记,课堂活动也无法正常开展……这样的教育技术应用没有考虑到教师和学生在教学心理上的感受,掩盖了教学媒体应用的本来目的,容易陷入"为了用而用"或"无技术不教学"的尴尬境地,导致教师教学和学生学习陷入思维定式,不利于教学创新。

这种对媒体的过分依赖影响了育人目标的实现,需要引起人们足够的关注。具体而言,教师对现代教学媒体的依赖主要表现在以下几个方面。

(一) 依赖现代教学媒体环境

现代教学媒体环境是为教学过程提供现代技术设施的教学环境,包括教学资源环境和教学传递环境。传统的课堂教学环境,如书本、图片、黑板、模型、实物等,逐渐淡出人们的视线,甚至还会被视为不合时宜的老旧场所。相比之下网络媒体、数字媒体等现代技术手段越来越多地进入人们的生活,并改变了原有的教学环境。然而,一些教师习惯了在多媒体环境中以信息化的教学方式进行授课,一旦回到传统教学环境中,就会难以适应、无所适从。他们可能会遇到"停电就被迫下课"或"媒体故障就等修好再上"的情况。一些教师已经对现代教学媒体环境产生了依赖。正如媒介依赖理论所指出的,当人们不断使用媒介来获得某些方面的满足时,媒介进入人们生活的机会就越多,从而更多地影响到人的生活。人越依赖它,媒介对人的影响就越大。[①]

[①] 参见［美］斯坦利·巴兰等:《大众传播理论:基础、争鸣与未来》(第3版),曹书乐译,清华大学出版社2004年版,第315—316页。

（二）依赖教学课件和数字化教学信息

在传统教学中，教师写板书、学生记笔记是一个不可或缺的认知过程。师生通过言语、情感的交流活跃思维，完成对知识的理解与消化。与传统教学中教师将教学内容铭记于心相比，如今很多教师为了方便快捷，更习惯于将教学内容数字化成电子课件，存储于现代教学媒介之中，然后通过播放工具展示教学内容、解答过程、作业习题等，以完成教学任务。这就是所谓的"教师播放课件"式教学。这种做法虽然可以缓解教学内容过多与课堂时间有限之间的矛盾，增加可授知识的信息量，并扩充学生的视听，但是课件的存储与呈现却对技术手段过于依赖。一旦读取设备出现故障，所有教学内容将无法正常播放，轻则影响师生上课的情绪，重则致使正常教学计划难以进行。此外，使用现成的教学课件使教师不再需要思考，学生的思考时间也被大大缩减，讲解、推导、论证等过程被弱化，使得学生忽略认知过程中产生的思维火花，容易导致对知识的"消化不良"。更糟糕的是，一些老师疏于备课，直接使用他人课件，实际教学变成了播放课件、宣读屏幕的程序操作。这种对课件的依赖不利于激发学生的学习积极性，同时也削弱了教师的责任心和讲授能力。当遇到疑难问题时，教师不是首先深入思考、质疑、请教和讨论，而是迅速上网搜索、浏览、复制。这种对数字化信息的依赖容易导致教师丧失书写能力、思维简单化、对事物认识浅显化，不利于师生之间沟通能力的培养，对学生造成不良影响。

二、教学泛娱乐化倾向

随着互联网、数字媒体等教育技术的不断应用，传统的以文字为载体的教学内容逐渐淡出人们的视线，代之以网络化、智能化的多媒体教学信息。课堂教学中出现了大量的图像、视频等内容。尤其在自媒体环境下，娱乐文化借助信息技术的普及应用，以人们喜闻乐见的图像、视频等形式渗透到教育的各个方面，并产生了很大的影响。如今，有很多教师的授课内容被要求做成电子课件，给学生呈现更多的视觉画面。学生也不再满足于纯粹的"讲述"式教学。为什么课堂不能多一些影像而变得充满欢声笑语？为什么不多给我们放几段视频？诸如此类的抱怨声此起彼伏。教学中被不断要求增强教学内容的视觉刺激，同时减少学生必须应对的阐述比重，以至读写任务越来越少。甚至有一种声音认为"把电视、铅字和电脑这三种媒介结合在一起，能够培养高层次的思维能力"①，这显然是没有科学根据的。在电视、网络媒介盛行的当今时代，学校教育只能面对这样的尴尬局面：网络娱乐通过控制人们的时间和注意力，获得了控制教育的权力。

如今，新媒体的使用虽然提升了教学的时效性与趣味性，课件中图片、音频、动画着实"吸睛"，却也使得教学场面眼花缭乱；录音取代了范读，投影取代了板书，视频取代了讲授，教师处在被新媒体支配的地位……这些不断涌现的"泛娱乐化"现象，致使教学活动偏离了教育的轨道，所引发的教学隐忧值得警惕。②尤其在当前数字化转型背景下，青少年刷短视频成瘾现象屡见不鲜，严重影响了日常作息、身体健康和学习效果。如何将孩子从"小屏幕"拉回"大世界"，降低手机成瘾对未成年人的潜在危害，已成为教育的难点。③

教学的泛娱乐化是指教学借助多种媒体技术，用调侃、嘲讽或游戏的形式对知识进行解构，形成了一种以爆笑、搞怪、恶作剧为主要特征的教学风格，表现在教学内容上就是偏重浮夸信息、减少严肃信息的比例，强

---

① 若尘：《大学课堂不是娱乐至死的脱口秀场》，《中国青年报》2010年2月9日。
② 参见杨晓奇：《教学"泛娱乐化"：隐忧与化解》，《教育学报》2020年第2期。
③ 参见都芃：《如何将孩子从"小屏幕"拉回"大世界"》，《科技日报》2023年7月20日。

调故事性、情节性，教学活动则以娱乐的形式呈现。[①] 这样的教学，方式重娱乐，内容重娱乐，目的也重娱乐，教育就这样被娱乐化了。大量视听技术的应用在使课堂缤纷多彩的同时，也给教学打上了娱乐的烙印。有些教师甚至主张把教学娱乐化当作一种教育理念和目标，从而构建娱乐化的课堂模式，迫使教学陷入了一个怪圈：为了吸引学生注意力、激发学习兴趣，教师要想方设法使用图片、音乐、视频吸引学生的眼球，而技术手段的大量使用又反过来提高了学生的兴奋阈值，使他们越来越难以取悦，于是教师不得不花费更多的时间和精力去寻找更富有刺激性的视听资源，以换取学生一时的关注。[②] 毫无疑问，这是一种教学理念的偏离和教学方法的不当。

从理论上来讲，教学泛娱乐化的主要原因有两个。第一是技术支持。科学技术的不断进步和媒体角色的重新定位使得现代教育技术更加多样化、智能化，知识的传播速度得到了前所未有的发展，并在一定程度上消减了知识呈现形式的严肃性。尤其在知识被多样化的多媒体软件技术加工处理之后，成为更具有娱乐性的信息，很容易得到学习者的关注与认可。第二是心理需要。现代人处于生活节奏快、竞争压力大的社会环境中，难免希望通过娱乐的方式宣泄自我，不论是教育者还是学习者，在教育过程中遇到娱乐的成分都难以抗拒，进而被娱乐所影响。尤其在移动互联网时代，娱乐化早已大行其道，刷视频、玩游戏、看微博很容易便占据人们的大量时间。

虽然娱乐信息对于教学具有一定的调节作用，但教学泛娱乐化的消极影响是显而易见的。第一，娱乐文化的低俗化对受教育者造成危害。它容易使学生沉迷娱乐活动，难以树立远大的理想，影响道德情感的发展，甚至可能消解对健康主流价值观的学习。第二，教学泛娱乐化容易导致抽象思考能力的淡化。娱乐化的教学内容无所不包，甚至包含一些没有教育意

[①] 参见谭胜兰:《思想政治教育视阈下网络信息娱乐化价值初探》,《理论观察》2007 年第 2 期。

[②] 参见李燕玲:《泛娱乐化时代我们如何教学？》,《中小学管理》2010 年第 9 期。

义的内容，只是为了以不同的方式娱乐师生。这导致阅读变得匆忙，思考变得草率而浅层，视觉话语逐渐替代了文字话语。这种趋势容易让学生丢弃良好的学习习惯，逐渐形成浮夸、功利的不良学习风气。

实际上，我们的教学正与娱乐赛跑，不仅要避免教学过度娱乐化所带来的负面影响，还要警惕泛娱乐化背后的庸俗化和肤浅化。同时，教育应发挥对娱乐的约束与引导作用，坚守教学的教育性标准，积极引导学生追求真善美的生活。

首先，我们要引导学生正确认识娱乐，理性对待学习和娱乐的关系。娱乐和学习之间存在着本质的区别。娱乐是轻松愉快的，主要满足感官上的享受；而学习则是一种严肃的活动，注重德智体美劳的全面发展。只有通过充分发展学生的思维能力，全面提升学生的数字素养水平，我们才能在娱乐为主导的环境中引导学生学习理智、道德、真诚的高尚品质，培养他们理性学习的良好习惯。

其次，借鉴娱乐的特点，改进教学方法。有些娱乐信息也包含年轻有活力、积极向上的社会因素和文化因素，具有一定的教育价值，适合为教学所用。这启示我们，信息化环境下的教学要适当挖掘知识的娱乐性、趣味性等特点，寓教于乐，注重借助现代教育技术，灵活采用多种教学方法，引导学生在轻松、愉悦的氛围中吸取有益的知识。

最后，我们要坚守教育底线，适度引入具有教育意义的娱乐信息，发挥教育的价值导向和文化选择的功能。教师要加强教育的文化信息选择功能，摒弃与教育目标相悖的信息。只有正确理解寓教于乐、快乐教学的含义，坚持教育活动的严肃性、教学主体的独立性、教学内容的规范性和教学思维的深刻性，才能抵制泛娱乐化对教学的侵害。[1]

---

[1] 参见王鹏、王为正:《泛娱乐化语境下课堂教学应何"去"何"存"》，《教育评论》2017 年第 1 期。

波兹曼用以指导媒介研究和传播研究的四条人文主义原则——媒介在多大程度上对理性思维的发展作出了贡献、在多大程度上对民主进程的发展作出了贡献、在多大程度上使人能够获取更多有意义的信息、在多大程度上提高或损害了我们的道德感和我们向善的能力，对于教育同样具有重要的启示作用。[①] 在处理教学与娱乐的关系问题上，要考虑娱乐对教育发展作出的贡献、对教育民主的价值、对获取教育信息的作用、对提升学生道德感和向善能力的功效。只有加深理性思考，才能避免教育的过度娱乐化。

三、原因分析及对策建议

之所以出现教学媒体依赖、教学泛娱乐化等不良现象，主要是人们缺乏对现代教育技术的功能及应用目的的深刻认识，误解了教育技术应用的最初使命，错把技术的手段当成了教学的目的。有学者指出，教育改革只是在原有的管理和运行机制基础上，利用信息技术来提高原有系统的运作效率，却没有重建系统内部的运行结构、教学策略和教学模式，使之适应信息时代的新要求。[②] 本书认为，在信息化时代的教学改革进程中，信息技术与教育的融合不够深入、教师专业技能有待提高、教学评价不科学是造成教学媒体依赖及教学泛娱乐化倾向的主要原因。

第一，信息技术与教育融合创新的程度不够。在信息化时代，我们每个人都处于技术化、数字化的环境之中。教师在信息化环境下备课、讲课、与学生互动，已经离不开现代技术的支持。使用现代教学媒体技术上

---

① 参见［美］尼尔·波兹曼：《技术垄断：文化向技术投降》，保道宽译，北京大学出版社 2007 年版，译者前言第 4 页。

② 参见赵国栋：《现代教学技术应用与大学教学过程现代化》，《高等教育研究》2000 年第 2 期。

课已经成为教师习惯性的授课方式，一如教师习惯于使用黑板和粉笔的传统教学环境。然而，习惯的改变是艰难的。从这个角度来讲，一个习惯于在多媒体教学环境下讲课的教师，如果偶遇停电等技术故障而无法上课时，并不能说明他疏于备课，或准备不充分，只能说明他习惯了信息化的教学环境而不适应其他教学环境。

有学者指出，单纯依赖信息技术从本质上解决不了教学问题，教育技术的应用之所以带来好的教学效果，并非在于技术本身的器物因素，而多是应用教育技术的人之教育思想使然。[1] 技术的发展带来教学媒体的不断革新，这是事物发展的内在动力，不可阻挡。生活在一个技术化的环境中，我们无法改变和逃离这个现实。也就是说，现代教学媒体没有问题，问题出在教师对现代技术环境的不适应上，更进一步讲，是教师的信息化教学理念存在问题，表现之一就是将现代教学媒体的手段与目的相混淆。要想改善这种不适应性，教育领域达成了共识，那就是通过信息技术与课程整合的手段提升信息化教学的效果。只有当信息技术的角色由局外的、边缘的工具手段逐渐变成重要的、关键的理念支撑时，教学系统内部的运行结构才能得以重建。只有到了这个阶段，教师的不适应性与依赖性才会自然而然地消减。因此，教师对现代教学媒体的过分依赖、教学娱乐化倾向，是信息技术与课程整合不够充分的特殊表现，是向信息技术与教育深度融合的过渡期。这是不可避免的，我们能够做的不是试图去摆脱，而是积极面对，努力做好信息技术促进课程教学改革工作。每一种教学环境都会有好的老师、好的教学方法，每个人都有自己喜欢的学习方式。我们不能强求所有老师都使用现代教学媒体，更不能否认传统教学的优势。同时，我们也应认识到，具有良好的教学态度和较强专业技能的教师能够在很大程度上应对教学媒体依赖与教学泛娱乐化现象。

---

① 参见李芒：《论信息技术的教学价值》，《电化教育研究》2007 年第 8 期。

第二，信息化时代教师的综合素质与专业技能有待进一步提高。有些教师对教学感到厌倦，缺乏兴趣，仅仅为了完成工作而教学。对于这些教师而言，依赖现代教学媒体、大量播放娱乐化视频就为掩盖其偷懒提供了合理的理由。而对于一些对教学充满热情的教师来说，他们会思考现代技术应用之于教学的真正意义，而不是将现代教学媒体等同于一种单纯的显示工具。对他们而言，无论教学中遇到什么情况，他们都会想方设法加以应对并能出色地完成教学任务，从而减少对现代教学媒体的依赖。这凸显了教师的教学态度、教学观念等基本素质的重要性，也凸显了教师之间专业素质的差距。

除了良好的教学态度，教学设计能力、课堂教学组织与管理能力等专业技能对于教师应用教学媒体也具有重要影响。教师的专业技能是其教学魅力的重要体现。在探讨"好的课堂教学"这一话题时，我们不妨先回顾一下没有现代技术辅助的传统课堂是如何进行教学的。传统课堂教学在粉笔、黑板、课本等可用资源十分有限的条件下，教师即可上课，最常用的教学方法是讲授法。讲授法是教师通过口头语言向学生描绘情境、叙述事实、解释概念、论证原理和阐明规律的教学方法。教师只要认真进行教学准备与设计，就能够对所要讲授的知识进行描述、论证及传递。教学不依赖其他手段或工具，仅凭教师自身的知识、能力、品格等即可顺利授课。教师的知识储备、表达能力、课堂组织与管理能力是教师专业技能的重要表现。换句话说，只要能熟练掌握教学内容和熟练运用传统教学方法，即使不使用现代教学媒体也能够顺利完成相应的教学任务，而不至于在缺少技术支撑的环境中难以适应。这也说明了传统教学方法的生命力和不可替代性。

遗憾的是，在以现代技术为支撑的教学模式逐渐成为主流的当下，教学活动中仅依赖教师专业技能就能焕发课堂生命力的教学方式似乎正失去其存在的必要性。一些教师习惯于应用计算机来支撑教学，几乎将所有的教学环节都通过现代教学媒体展现。课堂用屏幕演示与播放视频；在课堂讲解时，说话用扬声器，板书用屏幕打字，用网络留言、电子邮件与学生互动；课堂结束以关闭教学多媒体来表示。如此一来，教师逐渐不熟练、不适应那些传统的基本教学技能，进而对现代教学媒体过分依赖。

第三，功利主义背景下教师教学评价具有量化趋向。上述现象也提醒我们以一种发展的眼光来审视教学评价。教学媒体依赖及教学娱乐化现象的出现与教师教学评价密切相关。教师教学评价是对教师教学工作的评价，一般包括教学工作量、教学效果和教学研究三个层面。评价的结论将作为教师评优、岗位聘任、职称评定、津贴和奖金发放的重要依据。然而教学评价过程中过分偏重对教学工作量的评价，呈现偏向数量的趋势，导致教师过多使用现代技术来应付课堂教学。由于信息技术应用简单快捷，内容可多次重复使用，很多教师优先选择电子教学资源，形成可重复利用的电子课件。这种教学方式既易于操作，又不需要费心力进行记忆与思考，可以轻松地完成教学任务，达到教学工作量的基本要求。

有学者认为，我们要发展现代教学技术，是因为教学技术的进步有利于教学活动的优化。教育部门发展现代教学技术必须以科学的教学技术观念为指导，坚持技术服务于教学的思想，把提升教学系统功能、丰富教学活动模式和促进学生全面发展作为发展现代教学技术的基本宗旨。[①] 要做到这些，就要将深化信息技术与课程整合的观念、强化教师教学技能培训、优化教学评价相结合，从而从观念、技能、评价的角度来积极应对教学媒体依赖以及教学娱乐化倾向。

首先，要深化信息技术与课程整合的观念。信息技术与课程整合是在信息技术背景下进行教学改革的重要手段。然而有些教师将信息技术与课程整合看作一种潮流，一种现代化教学手段，这种认识是不全面的。一方

---

① 参见王本陆：《关于发展现代教学技术的几个认识问题》，《课程·教材·教法》2011年第 4 期。

面，现代教育技术应用者及研究者应明确，通过深化信息技术与课程整合等手段来促进教学改革，是每一位教育者应肩负的重任。而现代教学改革不仅是教学硬件环境的现代化，更重要的是教学观念、教学组织模式和策略的现代化。对学生而言，独立思考、创新能力的培养尤为重要。因此，与其不断丰富教学的物质环境，不如要求教师努力把课堂真正建设成为一种唤醒和激励学生的具有持久魅力的平台。[①]另一方面，教师在进行教学时，应认识到信息技术与课程整合的根本出发点是发展学生的智力和创造力，要清楚信息技术作为教学手段和教学目标的区别与联系，根据学科知识的特点，当用则用，而不是仅用来提高教学信息传播的效率。现代教学媒体的应用对于教学来说，不仅是从黑板到屏幕的转换，更应是教学内在方式的改良，应该作为一种教学理念对教学改革起作用。

其次，强化教师教学技能培训。社会发展和教学改革的不断深入，迫切需要教师不断提升自身的教学能力。将传统教学方法与现代教学媒体相结合，需要教师重塑教学理念和强化教学技能，做到以下三点。第一，更新教学理念。教学理念的变革具有超前性，它引领教学方法的改革。[②]信息化时代的教师应树立以下教学理念：信息技术与课程整合的课程观，知识传授与能力培养相结合的教学观，教师主导与学生主体相统一的师生观，以及重视过程与强调效果相结合的评价观。第二，应加强多媒体教学与传统教学的有机结合，吸取两种教学方式的精华，根据学生的思维差异，选择能顾及大多数学生的授课速度，有意识地控制讲课节奏，激发学生思维，使两种教学方式协调发展，从而提高课堂教学的效率。第三，教学媒体的选择应与教学目标相结合。现代教学媒体只是传递信息的手段和工具，其应用应该与新的教学观念相结合，根据具体的教学目标来确定。

---

① 参见蒋兴梅：《教学：走出"工具主义"泥淖》，《中国教师报》2011年8月31日。
② 参见罗三桂：《现代教学理念下的教学方法改革》，《中国高等教育》2009年第6期。

不同的教学目标适用的教学媒体有所区别，不能把现代教学媒体当作优化教学的唯一手段。

最后，需要完善教学评价与监督制度，以确保教师认真教学，保持教学的热情与积极性，并给予教师足够的教学准备时间。学校应该进一步完善教师教学评价体系，将现代教学媒体的应用与教师的讲课过程、学生的学习效果结合起来，制定与之相配套的教学评价体系，加强对教学过程和教学效果的评价与监督。在新的教学评价体系中，教师的教学成绩不再以所讲课时数量作为主要评价标准，而是以学生、同行对课堂教学过程和效果的评价为主要依据，考察教师的教学态度、对讲课技能的掌握程度、确定教学目标的能力、教学媒体选择与应用的能力、与学生沟通交流的程度等。评价教师的讲课技能时，应综合考察对传统教学方法的掌握和对现代教学技术的选择与应用能力。在教学监督过程中，可以分别考察教师在不同教学环境中对同一堂课的讲授情况，以促进教师使用不同教学媒体能力的提升。

第三节　教育虚拟社区交往的伦理困境

网络教育的开展通常以教育虚拟社区为共同体单位，实现网络教学目标依赖"教"与"学"的"交往关系"和"互动交流"。师生之间的交往在虚拟教学中的地位非同一般。对于这种交往的关注一直是网络教育研究的重点与热点。

一、教育虚拟社区交往的伦理现状

交往，简言之，是人与人之间的交际与往来。它是在涉及共同活动需要的基础上，为交流信息并获得某种目的而存在的一种相互作用的活动方式。合理性的交往行为是主体之间符合伦理规范的诚实对话。换句话说，合理性交往具有重要的道德特性，需要人们从伦理的角度加以关注。以身体不在场的匿名交往为基础的网络交往伦理具有道德主体不确定、伦理规范多元化、道德评价尺度相对化、人际情感弱化等特征。[①] 因此，伦理审视教育虚拟社区交往的目的在于厘清人与人在交往时所表现出的各种道德关系，描述、分析各种交往行为的道德意义，判断交往方法、过程和结果的正当性，引导人们在交往中形成共同的道德信念，人们可以以一种可持续发展的交往方式进行信息交流、交互协作、知识共享，抑制并最小化由不道德交往所带来的不良影响。最终，可以形成符合一定社区文化心理的交往道德和行为规范，保障教师和学生在教育虚拟社区中交往行为的有效性。只有消除那些不道德、不和谐的因素，才能改善教育虚拟社区交往的效果。

以一种合乎道德的方式进行交往，社区成员之间便可以诚相待、平等民主、共享互惠、合作共进，最终必将形成一种具有共同文化心理的、可持续发展的社区形态。对于教育虚拟社区而言，"以合乎道德的交往方式"就意味着社区成员（包括教师与学生）之间要以一种平等、真诚、人道的方式进行交往来提高学习的有效性。因此，从某种意义上说，没有个体之间平等、真诚、人道的交往，就没有真正有效的、合乎道德的虚拟社区交往。那么如何实现一种合乎道德的交往呢？这是一个"应当做什么"的问题，是对实践的追问，属于伦理学研究的范畴。道德关注的是个体内在的品质与行为规范，而伦理则引导人与人之间的行为秩序，伦理学的基本任务是引导人们如何实践以获得更好的生活。由此而论，在计算机网络符号化、数字化的环境中，不同世界观、人生观、价值观

---

① 参见黄少华、魏淑娟：《论网络交往伦理》，《科学技术与辩证法》2003 年第 2 期。

的学习者通过教育虚拟社区集合在一起进行信息交流，将发生思想上的碰撞、融合。在这样一个相对自由、开放的空间里，交往主体因为不必面对面地直接打交道，摆脱了现实熟人社会中身份、地位等种种限制，可以在单纯、自由、理想、全面的"本我"状态下进行发自内心、出于兴趣的交流和互动。在彰显个性的同时，也培育和强化了一种关注个体、尊重、平等、理想的文化形态。这种平等、个性、理想的观念有可能对现实的交往具有良好的促进作用。因此，教育虚拟社区交往作为一种网络教育活动，其根本的伦理使命是使学习者在交往中更好地认识自我，寻求知识与德性的统一。

一般来说，教育虚拟社区交往涉及交往的目标、内容、手段、方式、过程等环节。具体而言，交往的目标包括：教学目标，通常由教师确定，涉及知识层面的目标；交流技巧目标，教师和学习者各自内化于心的隐性要求，包括人与人之间的交流技巧和人与媒介之间的交流技巧，属于技能层面的目标；和谐共处目标，通过交往在心理上达成共识，社区内交流气氛和谐，属于情感层面的目标。交往的内容主要包括教学内容和交际内容。教学内容是指与学习目标相关的各种信息资源，可以由教师或参与者提供；交际内容是指有助于提高参与者交往能力的、与交际策略有关的要求、规范、原则等。交往的手段主要是网络语言，有文本、图像、视频、表情符号等多种表现形式。交往的方式主要有叙述、讨论、评价等。交往的过程包括开始、讨论、合作学习、总结、评价等。

在交往手段与交往方式的选择上，因网络语言形式的多样性，可能涉及一些道德问题。其中包括：信息污染——一些与学习主题无关、仅仅为引起注意或恶搞的垃圾信息，分散了学习者的注意力，浪费了时间，导致了交往秩序混乱；信息迷航——由于垃圾信息的干扰，以及众多超文本链接带来的猎奇心理，人们一味追逐信息的新鲜刺激而迷航在网络海洋里，忘记了交往目标及学习任务；抄袭言论观点——为了完成发言任务，过多引用或直接复制他人已有观点，侵犯他人知识产权，不利于维持交往的热情；隐私泄露——为达成某种目的而揭露他人隐私，将他人隐私当作谈资进行嘲讽或谩骂，或进行人身攻击，对交往主体的心理造成伤害；隐瞒或欺骗——无视交往过程与结果，随意进行评价……这些不道德行为的出现，大都是交往主体的道德能力受到不良影响、交往行为得不到有效的道德控制，以及教育虚拟社区信息管理水平有待提高等原因造成的。

第一，教育虚拟社区交往主体的道德能力受到不良影响。教育虚拟社区交往从现实的人与人直接交流转向人与机器的交流。在计算机网络技术外衣的掩饰下，虽然人们的价值观尚未发生扭曲，却可以为各种随意行为寻找到合理性依据。例如，为了实现目的而采用欺骗或隐瞒的手段，认为即使言行不一也无人知晓，这些不负责任的想法削弱了交往主体道德认知的能力，责任意识变得薄弱。同时，交往主体的自律能力受到挑战，难以做到"慎独"，进而极易表现出对道德的冷漠。这种冷漠既表现在交往主体对交往对象，即人对人的情感冷漠，又表现在交往主体对交往结果（尤其是不良的结果，如辱骂、嘲讽等）的行为冷漠。再者，教育虚拟社区交往中以字符为媒介，这种间接性、难感知性的交往方式，带来了人际情感的疏远，使交往者失去了有效的道德判断力，难以把持意志力，从而可能做出不道德行为。所以，交往主体的道德认识能力、道德情感能力、道德意志能力在虚拟化、网络化、符号化的环境中受到挑战，需要加强交往主体的道德自律能力。

第二，教育虚拟社区交往中的行为得不到有效的道德控制。在现实交往中，道德控制主要依赖社会舆论。社会舆论是影响现实交往的强大力量。人们因担心外界舆论对于自身的压力，从而避免不道德行为的发生，以维护良好的道德形象。而在教育虚拟社区交往中，交往主体不会因为自身道德品质的恶劣而感到孤独或失落，舆论对道德个体的影响因匿名（或半透明）的交往而效力大减，于是人们很容易陷入天马行空、独来独往、为所欲为、自我放纵的状态，造成传统伦理约束力的弱化。[1] 另外，由于知识、文化、道德意识的差异，难以对道德行为进行评判。即使对交往行为进行了表扬或批评，由于这种奖惩发生在虚拟环境中难以发挥其在现实中的有效性，导致道德评价丧失意义。总之，教育虚拟社区的技术特性使得道德控制的舆论手段和道德评价的影响力失去了应有的意义，难以保障社区交往规范的操作性。

第三，教育虚拟社区信息管理水平有待提高。教育虚拟社区本身作为一种网络教育环境，在一定程度上有助于学习者网络道德能力的培养。然而，在对教育虚拟社区的交往过程与结果进行评价时，许多管理者（多为教师）过于关注在线时间、点击率、浏览量、评论数、发帖数等指标，而忽视了交往礼仪、交往规范、行为原则，对道德冲突、道德冷漠等问题也缺乏关注。这种对人的道德性、主体性的忽视，反映了网络技术在教育虚拟社区交往中的工具理性。教育虚拟社区过于强调学习者的参与度、积极性，并以此来评判学习者的学习效果，其实质是为了确定教育虚拟社区作为一种学习工具或交往环境的有用性，追求某种功利价值的实现，从而淹没了人的主体价值。教育虚拟社区信息管理员（通常是教师）对信息进行管理与评价时，一味追求数量是不可取的。相反，应当更新管理理念，以责任驱动而非功利至上。我们应该对交往的行为过程给予足够的关注，将交往礼仪、交往规范、道德表现等列为重要评价内容，从而促进交往主体良好道德品质的养成和道德共同体的培育。

二、教育虚拟社区交往的伦理途径

若要更好地促进教育虚拟社区交往合乎道德、趋于理性，以构建一种

---

[1]　参见徐云峰：《网络伦理》，武汉大学出版社 2007 年版，第 168 页。

伦理型网络社区，需要进一步对交往所依据的伦理原则、规范标准进行分析，做到以下几点。

首先，在伦理原则的制定上，应保证权利与义务相对等。伦理原则对于规范人们的交往行为和维护社会秩序是行之有效的。没有一定的伦理道德和行为规范的约束，虚拟社区的存在和发展是难以实现的。因此，建设符合社区文化心理的网络伦理规范体系可以有效保障虚拟社区的存在与发展。[①] 教育虚拟社区交往的伦理原则虽然与现实交往的伦理原则与规范具有重要的联系，但在一定程度上超越了人们在现实的社会生活中所遵循的一般交往规则、伦理规范和价值观念的范围，因而需要新的伦理规则来规范人在虚拟环境中的行为。新的伦理规范的形成需要考虑权利与义务的对等。只有权利与义务处于一种平衡状态，二者相互一致、密切结合，伦理原则或道德规范才是合理的、有效的。作为学习者，在享受教育虚拟社区带来的各种便利的同时，也负有道德上的责任、使命和义务，应该尽己所能、助人为乐、匡扶正义，履行相应的义务。

根据虚拟社区交往行为表现，学习者的权利主要包括：学习参与权、信息发布权；信息访问权；信息控制和管理权；信息选择权；言论自由权；维护名誉权、人格权、身份权、隐私权；保护自己不受伤害权，获得尊重与认可的权利；等等。学习者的义务主要包括：遵纪守法、尊重他人、诚实、公正、对自己的行为负责；不侵犯他人隐私；不散布谣言；不传播低俗、垃圾信息；不复制、抄袭他人观点；不利用网络进行犯罪；等等，这些是教育虚拟社区交往的伦理价值。它们促使学习者在交往中更好地认识自我，寻求知识与德性的统一。交往的伦理原则和规范只有兼顾了学习者享有的权利和应尽的义务，才能实现知识与德性的统一，才能促进社区成

[①] 参见何恩贵：《远程虚拟社区管理存在的问题及解决对策》，《电化教育研究》2009 年第 9 期。

员的身心建构和个性完善。

其次，在方法选择上，要保证自律与他律相结合。道德的基础是人类精神的自律。自律作为人的内在自制，是人对道德和伦理精神的切身感悟，是人对道德冲突的权衡和抉择。用我国儒家所推崇的一种自我修身方法——"慎独"来描述尤为贴切：自律就是在独自活动、无人监督的情况下，凭借自我的高度自觉性，不做任何不道德的事。与传统伦理相比较，信息伦理更为注重以"慎独"为特征的道德自律。[①] 通过道德教育、榜样激励、舆论熏陶等手段，可以增强交往主体的道德情感感知能力，培养道德意志力，从而促进教育虚拟社区交往主体的"慎独"意识的形成，提高交往主体的道德意识水平和道德选择能力。

然而，自律并不意味着没有规则和秩序。当我们强调交往主体自律的重要性时，并不意味着可以忽视其他调控手段（他律）的意义。当教育虚拟社区交往涉及对行为的道德判断时，如果交往主体受到了自身以外的客观标准的支配，我们就可以说其价值判断受到了他律的影响。他律可以是一种客观的标准、规范、原则，比如伦理原则、道德规范等，也可以是外部的手段或工具，比如舆论引导、技术支持、法律制度等。交往不仅需要一定的秩序，也必然会受到外界的制约。因此，教育虚拟社区交往不仅需要自律，还需要他律的配合。通过加强他律的调控与监管，使之与自律相互补充、促进，才能更好地维护教育虚拟社区交往的伦理秩序。

最后，在操作管理上，要保证自由与监管相统一。教育虚拟社区的交往是自由的交往，学习者拥有思想和意志的自由，可以自由获取与传播信息，而这种活动自由带来的体验与感受进一步唤醒了他们的自由意识，深化了他们对自由的理解与认识，为自律伦理的形成创造了条件。社会监管是自由的必要前提，在数字化的虚拟社区中，如果没有监管，网络社会就

---

① 参见吕耀怀：《构建数字化生存的伦理空间》，《光明日报》2000 年 8 月 1 日。

不可能有秩序地存在和发展，也就无从谈起网络化生存的自主和自由。所以，网络自由与网络监管辩证统一于网络社会之中。[①]

　　在对教育虚拟社区交往的管理上，需要将自由与监管统一起来。在保证学习者自由交流的同时，教师需要对所有言论信息进行监控，及时删除消极言论，纠正不良风气；适时警告雷同或相似观点内容，避免抄袭；积极引导社区成员开展学习规划，防止信息迷航；适时责罚与奖惩，激浊扬清，惩恶扬善。为了实现这些管理目标，教师可以借助技术手段，如采用网络实名制、增加信息的语义识别等功能，阻止虚假和不良信息的传播，营造和谐网络交往的伦理氛围，为创建合乎道德的交往提供良好的外部条件和保障。

　　以促进个体的自我发展与个性完善、寻求知识与德性的统一为伦理使命，通过合乎道德的交往来培育道德共同体，建构伦理型的网络教育，是应对网络时代技术对德性的挤占等难题的必然选择。交往道德应成为教育虚拟社区关注的重要方面，道德共同体的培育是教育虚拟社区存在的使命之一。诚然，制定和执行教育虚拟社区的交往原则与规范需要经历艰难而漫长的过程，汲取伦理学的思想精髓来建设和谐、可持续发展的教育虚拟社区也是一项艰巨的任务，任重而道远，却又势在必行。

---

① 参见杨礼富：《网络社会的伦理问题探究》，博士学位论文，苏州大学政治与公共管理学院，2006 年，第 152 页。

第五章　现代教育技术应用的伦理问题分析

人们对现代教育技术应用的理性思考虽取得一定的成效，但是技术应用的工具化思想在教学实践中仍占据半壁江山。探寻现代教育技术"为何而用"的"应然"诉求之后，对照"实然"的技术伦理问题进行审查，"应然"与"实然"之间的差距一目了然。这些差距阻碍了现代教育技术伦理使命的践行，不利于现代教育技术的良性发展。本章对现代教育技术"用得如何"进行"实然"检验，借助技术哲学和政治哲学相关理论对现代教育技术应用问题进行剖析，并结合现代教育技术应用哲学研究的现状，提出应对路径，进而总结现代教育技术应用伦理问题的识别方法与判断依据。

第一节　现代教育技术应用伦理问题产生的哲学分析

究竟是什么引发了现代教育技术应用过程中的伦理难题？这是一个复杂的综合性问题，牵涉到政治、经济、文化等诸多层面的因素，因此很难给出明确的答案。为了深入剖析现代教育技术应用产生伦理问题的根源，本书尝试从技术哲学和政治哲学的视角寻求解释依据。

一、杜威的技术哲学思想及其启示

在当代技术哲学界，著名教育家、哲学家约翰·杜威享有"美国技术哲学之父"的盛誉。杜威作为美国教育哲学和技术哲学的集大成者，其思想体系蕴涵了丰富的教育技术哲学思想，比如"技术是对工具使用的探究""技术负荷多元价值""技术背负伦理责任"等观点，为理解现代教育技术应用伦理问题提供了重要的理论依据。本小节主要以杜威的技术哲学思想为理论依据，尝试分析其对现代教育技术应用的启示。

（一）技术是对工具使用的探究

杜威对技术的关注长达半个多世纪，对技术的描述散见于他的许多著作中。早在19世纪80年代末，杜威就认为技术问题与哲学问题不可分离，20世纪50年代时，形成了对技术问题的基本哲学见解。他强调从实用主义的视角审视有关技术的问题，强调理论与实践的统一，强调行动，认为对技术的哲学思考不能开始于空想，必须建立在对技术与工程实践的复杂而又丰富的经验描述之上。同时，他主张将实验法用于价值评价，启发人们将自然科学方法运用于社会科学研究中，从而在方法上实现科学文化与社会文化的融合。可以说，杜威技术哲学思想深受实用主义和科学哲学的影响。

杜威的实用主义基本立场决定了他排斥技术本体论，反对技术本质主义。杜威倾向于从工具论而非实体论的观点看待技术，对"技术"概念进行了一定的改造。他把技术理解为"科学的技巧"，指使用工具、器械及实验技巧的科学方法。因此，人们所谓的"理论研究"在杜威看来也属于技术的范畴。正如他所言："社会学是一种技术，政治学也是一种技术。"[1]同时，杜威强调在不同的背景中理解技术。技术就是制造人工制造物的过程，这种人工制造物可以是有形的，也可以是无形的（如科学、语言、法律、概念等），但都属于广义的工具范畴。工具只有在被使用时

---

① ［美］杜威:《杜威五大演讲》，胡适译，安徽教育出版社1998年版，第9页。

才有意义，它们也只能在具体的情境中被使用。因此，有形工具和无形工具之间的区别是功能上的，而不是本体论意义上的。美国南伊利诺伊大学杜威研究中心主任、哲学教授拉里·希克曼认为，杜威将技术视为通过各种探究工具对某一问题境遇的适当改变，技术是发生于人与环境之间的贯通作用，只有在具体的情境中才能把握技术的确切含义。① 例如，当人类仅仅享用火时还谈不上探究，也就不存在技术；但是当人们造火并有效地控制火时，人们就从仅仅享用和思考火的本质是什么提升到了如何生产和使用火的更高层面，这时就出现了所谓的探究活动，技术也就应运而生。这种视角避免了孤立、静止、片面地看待技术问题。可见，杜威对技术的理解是从动态的角度对技术进行考察，消除了技术主体与客体之间的分离，拒绝从主体性上建构技术本质的总体形而上学，同时强调将技术置于一定的具体情境中加以理解。

　　杜威在《自然与经验》中说："探究作为一种技术活动，标志着一种科学的理智态度，产生于人们努力去控制人和物，导致后果、收获和成绩更加稳定可靠的意图。"② 由此可见，探究就是"实用"的科学，这都在人类使用、享受和改进的范围之内。它所涉及的不只是工具性的东西，而是为了达到预期的善果，应用这些工具性的东西去增进人类的自由。③ 杜威对技术的认识，为我们思考教育技术应用提供了重要的指导。按照杜威的观点，首先，现代教育技术应用就是"在教育活动情境中对现代技术的探究"，是达到教育目的的手段。只有在"探究"的语境下，现代教育技术才能逐渐理性地被应用，从而将工具手段与教育目的区分并联系起来，走出"技术依赖"的泥潭。其次，探究的形式是多种多样的，因此作为手段

---

① 参见庞丹：《杜威技术哲学思想研究》，东北大学出版社 2006 年版，第 107—108 页。

② ［美］杜威：《自然与经验》，傅统先译，江苏教育出版社 2005 年版，第 84 页。

③ 参见耿阳、洪晓楠、张学昕：《技术之本质问题的探究：比较海德格尔与杜威技术哲学思想》，《自然辩证法研究》2011 年第 10 期。

的现代教育技术的内涵也是丰富的。现代教育技术应用就是面对教育疑难情境时，利用各种探究工具作为手段来解决问题的过程。

（二）技术负荷多元价值并背负伦理责任

杜威认为技术是负荷价值的。杜威分析指出，在过去技术还不发达的时候，人们寻求确定性主要依靠感情和思想的方法，久而久之形成一种蔑视技术工具价值的传统，因而现在人们应当正视技术与社会传统价值构成可能的冲突。① 工具是因解决特定问题的需要而发展起来的，它不是价值中立的，而是价值多元的，它提供了一种新的可能，使用技术的人要精心地选择和负责任地使用工具和物品，以最大限度地实现人的价值。他说："我们获得了物质文明，而不能获得物质文明底下的态度和精神。"②

杜威也看到了技术给人类带来的问题，不否认技术失去控制、不能服务于人类的可能性、技术异化导致的灾难等，但他认为这都不是技术本身的错，而是人们的想象或勇气的缺失。杜威把人类解决问题和获得知识的历史看成是以发展复杂的工具为手段来有效适应特定环境的过程，认为人们应该保持希望，用一种批判的和现实的眼光来注视未来。③ 拉里·希克曼通过对杜威技术哲学思想的研究发现，杜威并不像早期的法兰克福学派及后期的海德格尔那样，对现代技术怀有过于悲观的忧虑，而是相信现代技术总是会有助于改变或改善我们现在的生活。④ 其实，在杜威看来，现代技术的成功代表了实验主义的理智探究精神的胜利。人们应该意识到技术失控其实是持续的、日常的，它存在于我们的日常生活或高技术领域之

---

① 参见夏保华:《杜威关于技术的思想》,《自然辩证法研究》2009 年第 5 期。

② ［美］杜威:《杜威五大演讲》,胡适译,安徽教育出版社 1998 年版,第 126 页。

③ 参见曹观法:《杜威的生产性实用主义技术哲学》,《北京理工大学学报（社会科学版）》2002 年第 5 期。

④ 参见［美］拉里·希克曼:《杜威的实用主义技术》,韩连庆译,北京大学出版社 2010 年版,中文版序言第 7—8 页。

中，但这种负面效应只是局部的，应以民主的方法不断革新技术来解除这种负面效应。

杜威意识到科学技术的飞速发展导致了人们道德观念的变化，这正是其科技伦理思想形成与发展的社会背景。根据工具主义理论，伦理的本质特征是在具体境遇的应用过程中被发现的，而不是独立于应用的判断。在杜威看来，伦理的主要任务不仅是在形式上建立准则和标准，更是在内容上澄清如何制定和使用这些准则和标准。明确的准则和标准有利于我们理解和评估具体的境遇，引导我们去解决问题。同时，这些准则和标准是工具性的，必须在应用过程中不断加以检验和纠正。这就进一步呼应了杜威关于"成长本身是唯一的道德目的"的观点。他把理性作为沟通自然科学与道德的桥梁，将自然科学方法作为研究和解决道德问题的工具，指出："科学的思考方法上的改变对于道德观念上的冲击，大致是明显的。"[1] 杜威认为，随着现代科学技术的发展，以往科学知识对确定性形而上学传统的追寻被打破，科学由高高在上的尊贵的实在真理变成了我们获取知识的工具。科学知识的概念只不过是人们对经验操作的结果，是人们认识的手段。杜威对这样的科学观赋予了极高的社会责任，他认为科学可以在道德评价中起到沟通事实与价值的作用。[2]

在具体的技术伦理问题上，杜威较早提出"负责任的技术"这一观点。杜威认为，不道德的人是不负责任的，而作为有道德的人的特征之一的责任是与探究密切相关的：如果探究是可靠的，那么它就是善的。成功的探究就是可靠的技术，就是善。技术就是使负责任的人产生可靠的探究结果。同时，杜威从达尔文的进化论思想出发，认为负责任的技术还应当是适应变化的。技术的失责不在于作为方法的技术失效上，而在于探究和

---

① ［美］杜威：《哲学的改造》，许崇清译，商务印书馆 2002 年版，第 5 页。
② 参见赵丽、琅滨：《评杜威的实用主义科学观》，《科学技术与辩证法》2008 年第 4 期。

检验被误导为包含了非技术性的目的。手段与目的分离，是某种意识形态取代了合理的可检验的探究，某种利益干预了合适的实验。只有负责任的技术才是可取的技术。

杜威既看到技术的正面效应，也看到技术的负面效应，他不将所有问题归因于技术，而是强调人在其中的责任，强调通过加强对人的控制而达到控制技术的目的。这种思想是具有穿透力的，毕竟仅仅将问题归结为技术，这是人类对自身责任的逃避。[①] 杜威的技术哲学思想对我们理解教育技术的发展、教育中人与技术的关系、教育技术应用之合理性具有重要的指导意义。

第一，有助于认识教育技术的伦理特性。教育技术是一种达到教育目的的手段，对教育技术的理解应与教育情境的具体需要相联系。杜威在反思和批判技术的同时，对技术进行了积极的肯定和辩护，"负责任的技术"思想启示我们要从责任伦理的视角审视教育技术中的"工具与人文的分离"问题，用"人的责任"来连接技术工具属性和教育人文属性。此外，实用主义思想也有其自身的缺陷。它更多地提供了一种理想和精神，但很难成为规范和现实。这提示我们要立足我国社会文化实际来理解教育技术，寻找我国教育技术的文化根基和哲学基础。同时，我们需要进一步理解技术的价值以及技术与人的关系，思考我国教育技术学科发展的真正目的。

第二，有助于理解教育技术应用的本质特征。我国现代教育技术的应用，要立足教育教学的实际经验，在实践中不断总结与发展，而不是简单地把先进技术直接移植到教育活动中去。现代教育技术应用就是在教育活动中，超越相关概念和理论体系的困扰，分析和解决具体教育问题的动态

---

① 参见盛国荣：《杜威实用主义技术哲学思想之要义》，《哈尔滨工业大学学报（社会科学版）》2009 年第 3 期。

持续的探究行为。教育技术的本质体现在教学与环境之间的贯通上，只有当教学活动发生时，人们才能意识到技术的存在。因此，对教育技术应用者而言，要强调在一定的教学情境中理解教育技术，消除教学中人与技术的分离；强调在教学情境中对教学工具不断探究，而教学工具包括有形的（如教学媒体等）和无形的（如教学系统设计方法、绩效技术等）两种。当人们体会到教学工具的教学效果并不断探究其使用效果时，教育技术就发挥了作用。教育技术发生作用的过程就是人们探究教学工具与教学活动的关系的过程。同时，现代教育技术应用讲究科学的方法，注重系统化设计，追求实际的效果。这与杜威关于"技术是工具使用的探究"的技术哲学思想相一致。

二、政治哲学思想及其启示

为了解释现代教育技术应用引发的公正、自由、民主等伦理问题，可以借鉴技术的政治哲学研究视角。这种视角能够透视现代技术与教育的关系，有助于揭示教育技术内蕴的政治含义，并从中汲取政治哲学的养分，从而在哲学与政治之间进行教育技术应用的伦理思考。

（一）教育技术的政治含义

马克思、海德格尔、马尔库塞、哈贝马斯等诸多哲学家早已认识到技术的政治意义，并对技术进行了政治学意义上的批判。教育技术同样具有政治意义。从教育改革与发展的进程中可以清楚地看出，国家一直重视将先进技术应用于教育。正是由于国家教育政策对技术在教育领域应用的干预，教育技术逐渐得到了社会的认可。同时，现代技术对教育产生了深刻的影响，出现了新的教育教学现象，包括教育自由、教育理想、教育民主等概念的更新。这些影响是否是教育领域对技术决定论的解释？是否会在一定程度上导致技术专家统治教育？是否反映了教育技术本身内蕴的统治意义？对于这些问题的反问，涉及一系列政治哲学问题，需要对教育技术应用进行政治哲学上的思考。

技术与政治一直存在密切的关系，技术具有政治意义。纵观技术发展史，正是由于政治的"关爱"，技术才得以发展至今。"一方面，在技术政治化的过程中，政治通过对技术的控制和干预而影响技术的发展；另一方面，在政治技术化的过程中，技术影响政治的存在及其运作。"[①]现代教育技术同样与政治有着千丝万缕的关联。例如，技术的发展导致教育制度的变革，不同技术时代的教育制度各不相同；技术的发展推动教育管理体制的形成与发展；技术影响人们对教育民主的内容与形式的理解；教育决策影响技术在教育中的应用与发展，等等。

总的来说，教育技术的政治含义可以归结为两个方面：一方面，技术影响教育政策的制定与运作，出现了教育政策的技术化趋向；另一方面，教育政策通过对技术的控制和干预而影响其发展，出现了教育技术政治化的趋向。

关于教育技术对教育政治的影响，人们往往比较关注其正面效应。现代技术不仅给教育带来手段上的变化，而且也变革了教学环境，提供了丰富的教学资源，在全球化、网络化的时代语境中承担为国家培养符合某种政治品位的人才的使命。因此，教育技术一直受到教育决策者的青睐，他们认为加速教育现代化进程，要以发展现代教育技术为突破口。诚然，大量事实向人们展示了教育技术积极的价值取向，但依然不能忽略其负面影响。现代教育技术在政治学意义上的负向功能主要表现为工具理性对教育本真的侵蚀。当现代教育技术被广泛应用时，潜在于技术本身的理念或者技术内在意向，以及技术负荷的某种政治倾向，就会被放逐并侵入技术使

---

① 　刘同舫：《技术与政治的双向互动》，《学术论坛》2005 年第 8 期。

用者的思维，从而影响教育决策的制定与执行。技术的工具理性逐渐变成政治的合理性。实际上，现代教育技术应用应该关注教学活动本身，强调技术带来的教学效果。人的思想、经验、意志、道德等才是决定教学效果的主要因素。[①] 所以，在现代教育技术被不断深入应用的过程中，教育工作者需要对技术保持理性，认清技术本身所具有的价值判断偏向，防止被技术工具主义所统治，抵制技术异化，避免教育被技术"统治"的危险，从而维持教育本真的面貌。

教育技术另一个重要的政治含义则充分体现在教育政策对教育技术发展的规范上。《国家中长期教育改革和发展规划纲要（2010—2020 年)》明确提到，要加快教育信息化进程，加快教育信息基础设施建设，加强优质教育资源开发与应用，构建国家教育管理信息系统，强化信息技术应用。[②]《中国教育现代化 2035》明确部署了"加快信息化时代教育变革"的重要战略任务，强调要建设智能化校园，统筹建设一体化智能化教学、管理与服务平台，利用现代技术加快推动人才培养模式改革。[③] 类似的政策文件还有很多，都是从政治角度对教育信息技术加以关照，使之一直走在合法化、合理化的发展道路上。由此可见，教育技术的良性发展需要教育政策的良好保障，同时也需要政策对教育技术做好制约与限制，做到不唯技术至上、不任其随意发展、不违背教育的终极目标。

（二）政治哲学对教育技术伦理研究的启示

教育技术的政治哲学分析对于揭示教育技术伦理问题、端正教育技术

① 参见李芒：《教育技术的"工具理性"批判》，《教育研究》2008 年第 5 期。

② 参见《国家中长期教育改革和发展规划纲要（2010—2020 年)》，2010 年 7 月 29 日，见 http://www.moe.gov.cn/srcsite/A01/s7048/201007/t20100729_171904.html。

③ 参见《中共中央、国务院印发〈中国教育现代化 2035〉》，2019 年 2 月 23 日，见 http://www.moe.gov.cn/jyb_xwfb/s6052/moe_838/201902/t20190223_370857.html。

应用态度、明确教育技术应用的权力表达具有重要意义。

首先，对教育技术进行政治哲学层面的反思，有助于思考技术与教育公平、教育民主等伦理问题的关系。教育民主、教育公平作为教育伦理学的重要问题，在现代技术的影响下，其本质也发生了一些变化。一部分人试图证明现代技术可以帮助人们解决教育公平等问题，认为教育技术给教育带来了十分美好的图景，并坚持认为教育技术的推广将会推动教育民主化进程，使教育机会更加均等。另有一部分人却在忧虑：教育技术的发展真的能将教育带向民主吗？例如，在网络教育中，教学可以打破阶层界限，师生、生生之间追求直接而有效的交流，可以快速、便捷地获得教育资源。网络虚拟学习社区、网络课堂、网络学校的出现强化了教育的民主意识，人人都可以直接参与教育的决策与管理。然而，这并不能说明教育技术就具有这样的决定性。教育技术具有正反两方面的政治效应，它既可以为消减教育不公平提供有利条件，也有可能加剧这种不公平；它一方面促进教育信息的共享，另一方面却加重了信息迷航、数字鸿沟的出现；它有利于教育全民化、终身化，却因为技术入侵而导致了知识的集权化……因此，教育技术只是一个充分条件，可以将它作为追求教育民主的一种技术手段或者物质基础，而不能完全寄希望于它。仅仅通过教育技术的自然发展来实现教育现代化的想法，无疑是技术决定论在教育领域的蔓延。

其次，对教育技术应用进行政治哲学思考，有利于教育领域端正对待技术应用的态度。教育技术应用以技术为立身之本，没有技术的进步与发展就不可能有教育技术学科的建立与发展。正因如此，教育技术领域对待技术的态度总是热情的、欢迎的，甚至是包容的。直到技术应用在教育教学活动中出现了问题，人们才开始反思技术理性受到推崇是否值得。所谓技术理性，是指人类对自身改造自然、创造人工自然的技术实践活动应该"做什么""用什么做"和"怎样做"的观念的掌握与解答，是主体以人造物活动及其有效性为目的的思维活动过程及所形成的技术知识的总和。^① 从政治学的角度来看，一方面技术理性将教育权力诠释为达到一定教育目标的技术手段，认为技术可以被设计与控制，因而避免了权力以道德或政治理想的名义随意发挥功用，对教育秩序合理化、教育管理现代化等具有促进作用，进而有助于实现教育的公平与民主。另一方面，技术理性以技术进步、效率提高作为合理性的准则，在一定程度上增强了技术对教育的控制程度，技术合理性容易演变成统治的合理性。

再次，政治哲学提醒教育技术领域要预防技术专家统治论。技术专家统治论指出，如果将统治资格赋予那些对政策有价值的或者对政策制定而言不可或缺的人，那么，在以尖端技术为基础的社会中，科学家和技术专家作为统治者将被合法化。事实上，技术专家往往更关注技术上的可行性与可能性，注重效率，容易将教育目的程序化。另外，当教育按照技术专家选择的程序得以运行时，必然会导致道德中立化。^② 从政治学的角度来看，教育决策者需要考虑教育活动的合理性与正当性，保证教育目的的纯正性。教育技术作为促进教育发展的手段和形式，最终体现的是技术与人的关系。因此，教育技术应用要视教育性为第一原则，促进教育决策者与技术专家的交流与合作。只有教育工作者与技术工作者都意识到教育技术的政治意义，才能在教育技术应用问题上少一些分歧而多一些协商，将促进人的发展作为终极目标，避免技术专家统治教育。

最后，通过政治哲学的视角，人们更能意识到教育技术自身作为一种权力表达工具的政治意义。任何教育技术的革新都具有政治力量，一旦这种技术在教育活动中起到主导作用，必然会引发相应教育制度的变革，从而塑造新的政治格局。现代技术使教学组织得以规模化发展，在信息化、

---

① 参见王桂山：《技术理性的认识论研究》，东北大学出版社 2006 年版，第 62 页。

② 参见卢彪：《走出政治的技术理性化误区》，《科技咨询导报》2007 年第 13 期。

网络化的教育环境中，信息技术成为教育权力的表达工具。技术哲学家兰登·温纳将技术的内在政治本质定位于技术的生成与使用，以及使技术使用者适应所使用的技术的结构及其过程，认为技术使用者在采纳既定技术系统的过程中不可避免地引入了某种政治倾向。[1] 那么，教育技术的内在政治本质体现在为某种权力模式（如某种信息化教学系统、教学课件、教学设计理念等）提供了便利的手段，同时更紧密地与这种信息化、网络化的教育形式相关联。为了限制这种权力的扩张，就需要制定行业标准，使更多的人参与到技术设计与决策当中，对教育技术进行民主控制，从而严肃行业纪律，使教育技术在接受教育政策支配、为政治服务的同时，避免教育权力被不当表达，明确教育的育人使命。

另外，任何教育技术工具或方法，最终都有赖于人的操纵与使用，无论技术如何更新换代，其使用者总是教育团体和个人。教育与技术的关系，归根结底是人与技术的关系。人对技术内蕴的政治意义的理解最终将影响技术对人的作用。只有加强教育技术从业者的思想政治教育，同时融入技术伦理教育，才有可能在教育技术应用过程中达成育人目标。

本节借助技术哲学和政治哲学的理论，回答了伦理现实中技术依赖、教育公平、责任担当等共性问题。这些理论也为现代教育技术应用的哲学研究指明了方向。

第二节　现代教育技术应用哲学研究的现状及思路

随着教育技术哲学研究的兴起以及现代技术的繁荣发展，人们对现

---

[1]　参见张慧敏、陈凡：《从自主的技术到技术的政治——L. 温纳（Langdon Winner）的技术哲学思想及启示》，《自然辩证法研究》2004 年第 8 期。

代教育技术的关注，逐渐从"是什么""怎么用"等形而下的层面，向"该不该""为什么"等形而上层面转变。这种转变既包括将现代教育技术应用相关问题上升到哲学高度进行研究，也包括基于某种哲学理论对现代教育技术应用进行思考，它们都属于现代教育技术应用哲学研究的范畴。那么，当前教育技术应用哲学研究的现状如何？是否发生了二元视角的分化与对立？存在哪些具体问题？未来研究有哪些思路可供借鉴？带着这些问题，本节从教育技术应用的哲学研究现状出发，对相关研究进行梳理与分析，以认清存在的问题并分析原因，从而凸显研究路径，引起关注。

一、缺位与偏见齐显的研究现状

目前，与现代教育技术应用有关的哲学研究主要集中在教育哲学和技术哲学两个层面。在教育哲学层面，研究者多从教育学的视角出发，或者基于哲学的体系结构对现代教育技术应用进行论证，或者对现代教育技术应用的基本问题进行哲学分析。在技术哲学层面，相关研究散见于现代技术哲学研究中对教育问题的关注，比如基于技术发展的视角讨论教育数字化转型问题、依据技术伦理理论开展道德教育实践等。

所谓哲学研究，就是从哲学的视角和层面，运用哲学方法，对事物和现象的哲学问题进行探讨和回答。按照这个思路，当前学界关于现代教育技术应用的哲学研究，在内容上存在明显的缺位，相关研究观点也具有一定的偏见。

（一）内容上的缺位

哲学研究具有哲学角度、哲学方法、哲学问题和哲学解释四个规定性，它们相互联系、相互依存、相互印证，共同构成哲学研究得以成立和展开的统一体。① 因此，只有从这四个规定性出发，才能确保教育技术应用的哲学论证的严密性和完整性。然而，调查发现，已有本体论、认识论层面的研究尚未对现代教育技术应用的本质内涵及其引发的教育观念变革达成共识，在价值论层面的研究观点大多体现在对外在功能的肯定上，而忽略了现代教育技术应用的内在价值。具体而言，现代教育技术应用的哲学研究在内容上的缺位主要表现在以下五个方面。

第一，对本体论的研究力度不足。对于现代教育技术应用的本体研究，即对其本质内涵进行探讨。对其概念和特性进行分析，主要回答现代教育技术应用究竟是什么、与传统教育技术应用有何本质区别等问题。然而，当前研究较少从"是其所是"的本体论层面关注现代教育技术应用，研究的力度还远远不够。

第二，对认识论的研究存在理性缺失。现代教育技术应用的认识论研究是对技术应用的可能性及技术逻辑的再认识。目前已有学者关注这些问题，但令人意外的是，大多数研究者对技术应用在教育中的重要性持有一种"自以为是"或"理所当然"的态度，缺乏理性而深入的研究。

第三，对方法论的研究有待深入。现代教育技术应用的方法论研究主要探讨现代技术思维或方法及其对教育的影响。需要深入思考的问题主要有：现代技术的科学性及其在教育领域的适用性如何？利用现代技术应对教育问题的基本原则和一般过程是怎样的？类似研究仍待继续深入。

第四，价值论研究维度单一。哲学视域下，现代教育技术应用的价值不同于其在某一方面表现出来的具体外在功能，而是应用自身所负荷的一般价值。因此，对于现代教育技术应用的价值论研究不应停留在对外在功能的研究上，还应对其内在价值进行深入分析。例如，我们需要探讨现代教育技术应用本身是否具有善恶对错之分，是否可应用于各种教育目的，

---

① 参见夏保华等：《哲学学术规范与方法论研究》，东南大学出版社 2016 年版，第 18—20 页。

以及是否有利于促进人的全面发展等问题。遗憾的是，目前对于这方面的问题还很少有人关注。

第五，伦理研究的操作性不强。现代教育技术应用带来的伦理问题已经引起人们的关注，但对于技术应用的本质、技术应用负荷的伦理责任、教育技术应用伦理观的改变等基本问题缺乏认识，致使针对性的伦理治理途径缺乏跨学科、多方位的考虑，实际操作性不足。

总之，现代教育技术应用哲学研究在本体论、认识论、方法论、价值论、伦理观等方面均存在不同程度的缺失，研究的深度和广度都有待加强。

（二）观点上的偏见

在教育哲学的向度上，人们多以科学主义的态度来看待现代教育技术应用的概念和特点，强调现代技术之于教育的正向价值，凸显现代教育技术的工具地位，"技术至上"的理念占上风，呈现明显的乐观色彩。而在技术哲学向度上，相关研究更多地立足技术双面性的角度来关注现代技术带给教育的机遇和挑战，尤其对现代教育技术应用中存在的隐私泄露、信息不安全等风险给予很多人本主义的关怀。这种悲观而审慎的态度，在一定程度上修正了现代教育技术应用研究过于乐观的局面。现代教育技术应用哲学研究在两个向度上虽然体现出明显的乐观与悲观的不同论调，但在具体研究内容上也存在交叉，是一种乐观与悲观共存的形势。

具体而言，已有研究观点可分成两大类：偏向乐观的价值中立论和偏向悲观的价值负荷论。前者过多关注现代技术带给教育的恩惠，重视现代教育技术应用的正向价值；后者则意识到现代技术之于教育的不利影响，呼吁人们不要忽视其负向价值。

1.偏向乐观的价值中立论

该观点认为，现代教育技术应用本身不具有价值，是一种中立而无偏见的应用行为，其应用结果完全受控于人。在这种观点的影响下，人们理所当然地认为现代教育技术应用是值得提倡的，因而容易陷入盲目乐观的泥潭。之所以会出现这种认识趋势，有几方面的原因。首先，现代技术自身突出的操作性本质使其工具理性凸显。现代教育技术应用所具有的技术逻辑，让应用结果具有重效率的技术理性特征，缺少了教育所必需的人文情怀。其次，长期以来，人们都追随、崇拜新技术，这使得人们在接受了技术的合理性身份之后，从关注技术应用的工具性需求出发，更加表现出对技术应用的追捧，以致忽视了教育的育人需求，滋长了"只有应用了新技术的教育才是先进的"的理念。这种研究取向一方面促进了现代教育技术应用的繁荣发展，更新了现代教育的面貌及思维方式；另一方面却将教育过程视为技术应用的过程，并过分信任技术应用的结果，忽视了教育的人文情感。

2. 偏向悲观的价值负荷论

这种观点认为，现代教育技术应用不只是介入教育活动的中性的工具或单纯的手段，更是以技术逻辑影响教育的存在方式。教育技术具有特定的意向结构，对教育具有某种控制力量，比如技术思维对教育理念的影响、技术应用对教育形式的革新等。事实上，人们发现，现代教育技术并不像期望的那样完美，应用中涌现的缺失道德情感、扰乱教学秩序、无视责任担当等问题，暴露了现代教育技术的"傲慢"。现代技术内在的技术逻辑是通过应用直接给出操作结果，然而这种逻辑并不完全适用于以培养人为己任的教育活动。教育绝不是一个"操作后得出结果"的简单过程，它必须建立在爱、民主、尊重、自由等理念之上。这种悲观意识有助于警醒人们提防现代技术对教育的负面影响，规避现代教育技术应用带来的各种风险，引导现代教育技术的良性发展。

总之，现代教育技术应用带给我们恩惠的同时，也使我们面临很多困难。无论持悲观还是乐观的研究态度，空洞的价值争执对现代教育技术应用的实际效果并无意义，批判、调和与超越已成为当务之急。

二、批判与超越并施的研究思路

现代教育技术的构成要素指的是参与技术生成与发展的各种因素，如教师和学生之间各种方式的教与学、校园的文化氛围和环境条件等。在现代教育技术应用过程中，影响教育效果的因素是多方面且不确定的，因此需要将各影响因素调动和组合起来。这恰好契合了技术建构论的观点。

（一）技术建构论的启示

具有"新技术社会学"之称的技术建构论以批判技术决定论的片面性为研究起点。该理论主张技术是社会建构的产物。社会文化背景的差异性会给不同的社会群体带来不同的价值观和行为规范，使其对现代技术的理解也截然不同。社会建构论指向"社会对技术的影响"，突出社会诸因素对技术的形成和发展具有多种制约性的作用。受到社会文化背景的影响，各种现代教育技术的成功应用有赖于带有特定意向性的教学设计。基于此，要拓展和深化现代教育技术应用的哲学研究，需要做到以下几个方面。

首先，对现代教育技术应用的研究不应停留在静态的、固定的教育技术上，而应关注具体的、鲜活的、动态的现代技术。对应用结果的反思必须建立在现代技术的社会影响因素之上。

其次，现代教育技术应用研究需要从单纯关注"使用"转向关注"设计""开发""管理""评价"，并通过对应用过程的动态观测，来强调教育观念、文化意识、社会利益等因素对应用结果的影响，从而体现现代教育技术应用的内在价值性、社会性、情境性和历史性。

再次，现代教育技术应用研究适合使用经验主义方法，从多视角、跨学科的角度，发挥已有教育技术应用经验的作用，描述现代技术应用的内部运行状态，重视应用过程的复杂性，为现代教育技术应用的规范研究提供经验和前提。

最后，现代教育技术应用研究要注重手段与目的相结合、事实与价值相统一，避免重过程轻实体、重动态轻静态、重社会属性轻自然属性、重具体轻抽象、重微观轻宏观等偏向，将现代教育技术应用作为教育事实与教育价值、教育手段与教育目的的有效结合点，形成新的现代教育技术应用观。

（二）教育技术应用哲学研究的路径

哲学角度、哲学方法、哲学问题、哲学解释共同组成教育技术应用哲学研究的基本内涵。具体而言，哲学视角是观察事物的一种特殊角度，通常运用哲学原理和哲学知识对问题进行高度抽象和元反思，从而把握事物的本质；哲学方法是区别于科学方法的理论思维方式，分为基本的哲学思维方式、一般哲学方法和特殊哲学方法三个层次；哲学问题指向的是最普遍也最普通的问题，表现出永恒性、终极性、开放性、超越性等特点，即问题本身永远是问题，是哲学对事物的终极关怀，不存在封闭答案，但可以推陈出新；哲学解释是对事物的一种特有解读方式，主要通过反思和逻辑论证，提供对事物的理性认识和理论解释。因此，要想进行现代教育技术应用的哲学研究，就必须站在哲学的角度，通过哲学的方法，对基本的哲学问题进行哲学的解释。这四个规定性共同作用，缺少其中任何一项的研究，都不是严格意义上的哲学研究。也就是说，教育技术应用哲学研究应当从本体论、价值论、认识论、方法论、伦理观等多个方面系统进行，同时做到哲学角度、哲学方法、哲学问题和哲学解释这四个规定性的统一。

所以，为弥补已有研究内容的缺失，现代教育技术应用哲学研究必须从本体论、认识论、方法论、价值论、伦理学等方面全面展开。

第一，加强对现代教育技术应用的本体论研究，深入探讨其本质。通过引入本体论的哲学思维，特别是技术本体论和教育本体论等相关理论，对现代教育技术应用进行本体层面的探讨，以解答现代教育技术应用的特性、内涵等一系列理论问题。

第二，加强对现代教育技术应用的认识论研究，理性分析现代技术在教育中的适切性以及对传统技术观的挑战。通过厘清现代教育技术应用的前提与基础、过程与结果，促进现代技术在教育领域的有效应用。

第三，加强对现代教育技术应用的方法论研究，全面思考现代技术在教育科学方法层面引发的变革。这涉及现代技术对教育问题各方面的描述，如现代教育技术应用的科学性、适用性、基本原则等。

第四，加强对现代教育技术应用的价值论研究，客观判断现代教育技术应用的价值及其与传统教育技术价值观的差异。该层面的研究关乎现代技术与教育之间的价值关系，注重对现代技术在教育中的意义、作用和效果进行综合评价。比如对现代教育技术应用的普遍价值与特殊价值、内在价值与外在价值、主体价值与客体价值等问题的探讨。

第五，加强对现代教育技术应用的伦理研究，从多个视角诠释现代教育技术应用使用不当而引发的伦理危机，以及在处理教育与现代技术相互关系时人们应遵循的一般行为规范。需要解决的问题包括：面对现代技术，身处教育中的人们应该做什么、不应该做什么，什么样的技术应用行为是教育性／反教育性的，如何让现代教育技术合乎伦理地发挥效用，等等。

总之，现代教育技术应用在本体论、认识论、方法论、价值论、伦理学等层面的研究内容是相互联系。其中，本体论回答现代教育技术应用是什么，认识论解释教育与现代技术之间的关系，方法论引导人们如何发现和应用现代教育技术，价值论申辩现代教育技术应用之重要性及意义，伦理学评判现代教育技术应用行为的"好"与"应该"。只有将这五条路径统一起来，才能避免现代教育技术应用的哲学研究陷入迷途或误入歧途。

无论如何，现代教育技术应用的哲学研究都是必要的，也是迫切的。长期以来的实践路向使得现代教育技术应用研究大多处于形而下的具象层面，而形而上的思考则有助于夯实现代教育技术应用的理论基础，为其指明方向，同时有助于开拓教育哲学、技术哲学的研究视域。然而，从已有研究来看，当前学界对现代教育技术应用伦理问题的关注较为集中地体现在对具体伦理风险的警醒上，尚未深入伦理策略的层面。

第三节　识别及应对现代教育技术
应用伦理问题的方法

众所周知，现代教育技术关涉的问题并非都是伦理问题。然而，学界突出的"泛伦理化"研究特点——习惯于把所有困境都归结为伦理问题，即不对现代教育技术应用的伦理性加以识别与区分、忽视伦理辨识的重要性。这在很大程度上妨碍了伦理策略的系统设计，导致提出的伦理方案过于笼统而缺乏针对性。例如，有些研究对诸如现代教育技术操作失误、技术本身有待更新等非伦理性问题进行伦理分析并试图提出伦理策略，迫使现代教育技术应用伦理研究陷于"无边界"境地。可见，识别伦理问题是应对伦理问题的前提，是深入研究现代教育技术应用伦理问题的第一要务。

一、识别伦理问题的一般方法

事实上，只有识别现代教育技术应用的伦理性，并对其进行综合的伦理判断，才能为提出系统的伦理策略提供路径。伦理策略就是为解决伦理问题而制定的行动方针和方案的集合。作为一种决策方法，它的前提是遭遇伦理问题并能够对其进行伦理分析，其目的在于明确伦理意图和作出伦理行动。新科尔伯格理论的发展者詹姆士·莱斯特于 20 世纪 80 年代提出的道德行为四阶段理论指出，伦理决策的四个阶段分别是伦理感知、伦理判断、伦理意图、伦理行为。[①] 鉴于该模型的广泛影响及其对伦理策略形成的重要指导作用，本书认为，现代教育技术应用之伦理策略的形成要经历四个步骤：第一步，识别伦理问题，即在教育情境中辨别出现代教育技术应用行为所引发的伦理问题和非伦理问题，其关键在于尽可能地明确界定现代教育技术应用的伦理性。第二步，作出伦理判断，即通过规范伦理等多种伦理维度对伦理问题进行分析，判断现代教育技术应用行为是否合乎伦理规范，其重点是借助多种伦理分析框架对行为进行道德判断。第三步，确认伦理意图，即根据教育的具体目标和现代教育技术的功能意愿，决定是否作出某种伦理行为，该阶段主要指向依据伦理目的或伦理原则而作出的行为选择。第四步，实施伦理方案，即把前三步的分析结果，以合乎伦理规范的行为方式付诸实践，从而解决伦理问题。这是对确定的伦理方案进行的实践检验。如此，从知、情、意、行四个方面推进伦理决策，有效保证了现代教育技术应用之伦理策略的可行性。

总之，现代教育技术应用所引发的问题只有具备伦理性，才能被称为伦理问题，才能对其进行伦理分析、寻求伦理策略。实际上，只有教育工作者及现代教育技术应用者等主体认识到现代教育技术应用中的伦理问题并进行伦理判断，才能开展伦理实践。因此，要想有效应对现代教育技术应用引发的伦理风险并形成系统的伦理策略，识别伦理问题是第一要务，作出伦理判断是关键环节。

---

① 参见吴红梅、刘洪：《西方伦理决策研究述评》，《外国经济与管理》2006 年第 12 期。

一般地，根据行为是否具有伦理特性，可以把现代教育技术应用引发的问题分成两大类：伦理问题和非伦理问题。根据"合乎伦理规范的程度"，可以继续把伦理问题细化为"合乎伦理规范的问题"和"不合乎伦理规范的问题"。非伦理问题被排除在伦理分析之外，因而不需要对其进行伦理策略建构，但为了强调其与伦理问题的区别，仍可根据行为主体是否具有技术应用的主动意识，将其划分为"有意识的非伦理问题"和"无意识的非伦理问题"。

其中，伦理行为和非伦理行为的区别在于是否关涉伦理或道德，即是否具有"伦理性"。所谓行为的"伦理性"，是指行为受到一定的道德意识支配、主体自觉选择并涉及他人或社会利益，具有善/恶意义，表现为自知性、自愿性、社会性的特点。[①] 而与此相对立的行为，即缺少了道德意识的支配、不涉及他人或社会利益、不具有善/恶意义的行为，就是非伦理的行为。只有具有伦理性的行为，其引发的问题才是伦理问题。所以，识别现代教育技术应用带来的问题是否具有伦理性，需要基于应用行为的自知性、自愿性、社会性这三个基本原则进行判断。

自知性原则是指行为主体对行为本身具有自觉意识，能够意识到行为的本质、意义、价值和影响。也就是说，只有当行为主体自觉意识到自己与他人、群体、社会的利益和义务关系，并能够支配自身行为的时候其行为才能构成伦理行为。例如，神志不清的教育者、无判别是非能力的学习者，在现代教育技术应用过程中即便在某些场合或某种程度上表现出有利或有害于他人、集体、社会的行为，但是由于主体不自知性，也不属于伦理行为。

自愿性原则是指行为主体依据自己的自由意志对道德行为进行自主选择。行为主体只对出于自愿，并依据必要的道德准则作出自主选择的行为

---

① 　参见王敬华:《新编伦理学简明教程》，东南大学出版社 2012 年版，第 238—239 页。

负道德责任，因为这样的行为属于伦理行为。例如，在强制性要求或操作技能缺失的客观条件下，教师只能被迫或有限地应用现代教育技术部分功能进行教学，即使付出最大的努力，也无法达到理想的教学效果。此类行为的发生并非出自行为主体的自主自愿，不符合自愿性原则，因而属于非伦理行为。

社会性原则是指行为本身对他人、群体、社会产生影响并涉及利害或利益关系。事实上，一切无碍利益的行为，都无所谓道德或不道德，即都不具有伦理性，无法对其作出利害或善恶判断。例如，教师应用现代教育技术，如果处于教学情境之外，并未涉及学生、他人及社会的利益，就不具有道德价值，不属于伦理行为；倘若超越了特定界限并进入教育情境，对教学活动产生了影响，比如促进或阻碍了学生的创造力发挥，增加或损害了学生的教育利益，则变成了伦理行为。

需要明确的是，一种行为往往包含复杂的内容，在带来伦理问题的同时，也会带来其他问题。换言之，一个行为不仅带来伦理问题，同时还会引发社会、经济或者政治等其他问题。只要引发问题的行为同时具备自知性、自愿性、社会性的特点，该行为就可以称为伦理行为。否则，就是非伦理行为。实际上，在这三个基本原则中，自知性原则是前提，自愿性原则是保障，社会性原则是基础。只有三个原则共同发挥作用，才能准确厘定行为的伦理界限，进而判定行为带来的问题是否属于伦理问题。

诚然，现代教育技术应用无法与技术、教育、管理等问题割裂开来，但是把现代教育技术应用的所有问题都等同于伦理问题无疑是不妥当的。虽然伦理与非伦理的界限是确定的，但这种确定并非绝对，某些行为在特定意义上为非伦理行为，在广泛范围内往往又具有伦理意义。[①] 一如现代教育技术应用，有些时候，因为行为主体或客观条件的不同，并不直接与

---

① 参见郭广银：《伦理学原理》，南京大学出版社 1995 年版，第 310 页。

他人或社会发生利害关系，所以不具有伦理性；然而，从间接或更广泛的角度分析，该行为却对他人或社会造成一定的影响，因而又具有伦理性。正因如此，现代教育技术应用伦理问题不能轻易予以界定。对现代教育技术应用进行伦理辨识，要审时度势，一方面，不能把伦理问题与非伦理问题混为一谈，要坚决反对泛伦理主义；另一方面，也要理性认识伦理问题与非伦理问题之间的联系，从发展和辩证的角度把握非伦理问题转化为伦理问题的必要条件。尤为值得注意的是，行为主体如果处在"无意识"的状态下，其行为容易被技术控制，极易导致"非伦理问题"转化为"教育被异化""人被技术控制"等"不合乎伦理规范的问题"。

总之，理性认识伦理与非伦理、无意识非伦理与不合乎规范伦理的相对性，有助于提升人们的伦理鉴别力，从而使人们作出正当的伦理决策。从这个意义上讲，现代教育技术应用引发的诸如师生关系异化、人文情感缺失、教学交往不足等具体教育问题，均可诉诸自知性、自愿性和社会性三个原则进行判断，确认其是否属于伦理问题以及能否进行伦理应对。唯有如此，伦理分析才有理可依，伦理方法才有据可循，伦理问题方能迎刃而解。

值得强调的是，为明确各问题之间的界限及联系，需要重点区分伦理问题与非伦理问题、合乎伦理规范的问题与不合乎伦理规范的问题、不合乎伦理规范的问题与无意识的非伦理问题这几对概念的异同。同时，在辨识过程中，还要注意非应用行为所引发的元伦理问题。例如，现代教育技术应用对传统教育伦理的冲击、对教育伦理关系的改变等问题也属于现代教育技术伦理研究的重要内容，同样值得深入探讨。

二、判断伦理问题的理论依据

根据伦理策略形成过程，在识别出现代教育技术应用中的伦理问题之后，就需要对其作出是否合乎伦理规范的判断。规范体现的是一种社会关系特性，是指需要人们共同遵守的社会约定或标准，主要有公共生活规则、职业或技术规范、法律规范、伦理规范等。① 可见，伦理规范属于社会规范的一种，是用来判断善与恶、正当与不正当、权利与义务等的道德准则。合乎伦理规范的行为就是正当的伦理行为，指向善；而不合乎伦理规范的行为就是不正当的伦理行为，指向恶。然而，这种善恶、正当与否的价值判断，因行为主体所处立场以及实际问题复杂程度的不同，涉及的方法依据也不同。换言之，要作出某种行为是否合乎伦理规范的判断，需要从不同角度对其动机或目的，进行伦理原则、道德规范的综合比对与分析。

规范伦理学是研究行为准则、探讨道德规范的理论，旨在通过揭示善与恶、正当与不正当、应该与不应该之间的界限与标准，为社会成员指出通向道德完善的实践之路。② 作为伦理学体系中长期占据主导地位的理论学说，规范伦理学致力于说明行为本身应该遵从的道德标准及合理性原则，因而能够为现代教育技术应用的道德规范、伦理原则、责任体系、制度法规等内容设计提供分析框架。

综合目的论、义务论和美德论等伦理学理论框架，围绕现代教育技术应用是否"合乎伦理规范"这一基本问题，梳理了如下三种典型的分析思路。

第一种分析思路认为，如果行为结果的好处超过坏处（使受影响对象获得最大益处），那么这种行为就是合乎伦理的行为。这种理论思路强调行为目的是为个体或群体带来幸福，避免不幸福。根据这种理论，行为主体通过考察行为的可能后果，找出能够带来最大益处的方案，从而确认伦

---

① 参见廖申白：《伦理学概论》，北京师范大学出版社 2009 年版，第 18 页。

② 参见余仕麟：《伦理学要义》，巴蜀书社 2010 年版，第 24 页。

理意图并实施伦理行为。例如，当教育目标与技术应用目的之间存在冲突时，需要目的论提供一种可操作的程序，如以最大利益为原则对行为进行轻重缓急的排序，利用利益优先级的方法，引导人们在现代教育技术应用行为中作出选择，保障教育对象获得最大益处。

第二种分析思路认为，只有遵循绝对道德义务的行为，才可以被判定为合乎伦理的行为。这种理论不是力图弄清楚技术该不该应用于教育，而是在"不应用这些技术将会给教育带来更多坏结果"的设想下，制定"现代教育技术应用绝不可伤害教育"等准则，以助于解决由教育伦理与技术伦理冲突而引发的问题，即哪种伦理应该对现代教育技术应用发挥约束效力。这种冲突往往意味着行为主体面临道德两难的选择处境，即不管选择哪一种，都会对另一种造成影响。这种情况下，可以借助义务论把道德义务分成相对义务和绝对义务的观点，对现代教育技术应用行为的道德义务进行分类，并按照绝对义务优先于相对义务的原则指导现代教育技术应用实践。例如，在强制使用智能系统的教学活动中，使用智能系统是初步义务，而保证学生的情感体验是绝对义务，因此保证学生的情感体验是需要优先考虑的伦理实践。

第三种分析思路认为，只要现代教育技术应用者具有良好的德性并在应用过程中体现出负责任、诚实、正直等美德，这种行为就是合乎伦理的行为。这种理论以良好品格为评判依据，强调教师、教育行政与管理人员、教育科研工作者等责任主体的诚实、公正、守信、仁慈等美好品行，从而从自律的角度来应对亟待解决而现有法律又无明确规定和传统道德也回答不了的问题。例如，由于在文化背景、社会结构、教育体制、面临的主要问题等方面存在差异，不同现代教育技术应用者的伦理观念不可避免会产生矛盾。这就需要使用美德论的方法，通过明确现代教育技术应用者应该具有什么样的品质和美德，塑造个体、机构、行业的良好道德品质，从而提升应用主体的精神品质和道德境界。

总之，从伦理规范的视角对现代教育技术应用问题进行判断，就是探求教育工作者在应用现代教育技术时的合理性原则，包括对应用行为性质进行善与恶的判断、对应用方式进行正当与否的衡量等，同时针对具体应用行为带来的道德问题进行伦理性解释与说明。

现代教育技术应用伦理问题经过识别和判断之后，接下来，需要根据教育目的和技术应用意愿进行伦理意图的确认，进而为伦理行动的付诸实践做好铺垫，以促成伦理策略的最终形成。这正是教育工作者作出伦理决策的过程。伦理决策就是在伦理情境中识别伦理问题，设想各种可能的行动方案，并从中选择一个伦理上更可辩护的行动方案。①根据上文提出的识别方法与判断依据，本书认为，在决定现代教育技术应用的伦理意图时，需要从目的论、义务论、美德论三种不同的伦理视角进行分析，尽可能达成共识并做出适当的行为方案，从而形成伦理决策。

具体而言，伦理决策的形成有五个步骤。一是在明确现代教育技术应用伦理问题基础上，识别行为主体与利益相关者的关系；二是判断伦理问题的正当性——是否公平、有效、健康、规范地应用；三是从目的论、义务论和美德论的角度分析伦理问题的效益性、规范性和品德性，确定哪一种或哪几种伦理理论最适宜作出解释；四是将伦理解释与教育规范、技术规范进行比较，确定伦理意图；五是形成行为规范或伦理准则等策略方案并执行。

在现代教育技术深度应用必然扩展教育伦理和技术伦理之约束边界的背景下，通过目的论、义务论、美德论三种理论对现代教育技术在设计、开发、应用、管理、评价等领域的主体行为进行综合分析，有助于指导教育伦理和技术伦理这两种伦理规范共同参与到识别伦理问题、进行道德判

---

① 参见程亮、翟金铭:《面向伦理决策的师德教育：为何与何为》,《教育发展研究》2021年第 24 期。

断、确认伦理意图、开展伦理实践等问题解决过程中，把增进人类福祉、促进公平公正、保护隐私安全、确保可控可信、强化责任担当、提升伦理素养等基本伦理要求，以及提倡善意使用、避免误用滥用、禁止违规恶用等具体伦理要求，与教育伦理规范中的"法权—伦理"规范、"德—才"规范、"教—学"规范相融合，从而确保现代教育技术应用在教育伦理规范和技术伦理规范的共同约束中发挥效力。

现代教育技术应用伦理决策路径的提出，回应了伦理策略不系统的研究困境，为提升教育工作者及现代教育技术应用者的伦理决策能力指明了方向。其实践建议主要体现在三个方面：其一，加强规范伦理学多种理论的综合指导与系统支撑，提升行为主体的道德敏感性和伦理决策意识；其二，通过道德教育、行业规范教育、技术伦理教育等多种途径，发展行为主体的道德判断力，强化其道德勇气；其三，增强教育工作的责任感和使命感，帮助行为主体寻求能够驾驭现代教育技术的精神力量，确保现代技术的自主能力受到人类社会道德和价值观的约束。

伦理学理论内容博大精深，除了上文提到的规范伦理学，还有元伦理学、描述伦理学、应用伦理学等多种伦理理论均可为解决现代教育技术应用伦理问题提供策略框架和应对方案，因而需要学界同人更深入探究。需要说明的是，这里无意区分多种伦理理论的异同，仅从伦理决策的一隅尝试对现代教育技术应用伦理问题进行理论分析，以期引起更广泛关注与讨论。

第六章　现代教育技术应用的伦理策略

相应的文化制度和内在支撑体系的落后和缺位导致现代教育技术在应用过程中暴露出明显的伦理策略缺位。如何引导人们遵循必要的道德信念和行为规范，是当前教育技术应用研究面临的重要问题。那么，现代教育技术应用究竟需要怎样的伦理策略才能实现伦理应然？换言之，在应用教育技术的过程中，人们到底需要哪些伦理保障？本章遵循伦理价值实现的探寻思路，继续对现代教育技术应用的伦理策略进行探讨。

第一节　伦理策略的基本维度

为客观评价现实的道德状况和人们的不同感受，并由此有效探寻加强道德建设的合理途径，必须区分当代道德问题的两个重大维度——社会制度伦理和个人德性伦理。[①] 也就是说，现代教育技术应用伦理研究理应遵循制度伦理和德性伦理的发展逻辑。

---

① 参见陈泽环:《道德结构与伦理学:当代实践哲学的思考》，上海人民出版社 2009 年版，第 18 页。

一、制度伦理向度

现代技术应用带来的伦理困境不断向教育渗透，增加了教育本质背离和道德责任遮蔽的风险，容易引发伦理关系失调、伦理规范失控、伦理行为异化等现实困境。为了担负道德义务、冲破伦理困境，相应的伦理秩序必须理顺。伦理秩序分为伦理规范秩序和道德心灵秩序，前者依靠制度伦理的力量，其核心是"应该怎样"；后者依靠道德精神的力量，其核心是"我要怎样"。① 对现代教育技术应用而言，制度伦理是客观的，规范的是技术对象的权利享有和制度保障；道德精神是主观的，引导的是技术主体确保现代教育技术应用向善的责任担当。因此，建立现代教育技术应用的伦理秩序，就必须实现制度伦理和道德精神的双重建构，一方面需要建立以政府、教育机构、社会组织、公民为多元主体的协作制度，另一方面需要增强教育主体的道德能力和以人为本的教育责任。

制度是指有组织的、整套的社会规范系列和体系，而制度伦理是对社会规范和运行规则的伦理反思和要求，以及伦理的制度化、规范化的思考与建构。② 现代教育技术应用需要制度的规范，更需要制度伦理的指引，具体含义包括以下三个方面。

第一，制度内蕴公平正义的伦理价值，具有规范、引导、协调的伦理功能。制度从非个人关系角度表达权利与义务的关系，由一系列内在相关的规则或规范构成，具有规范人的行动之善、人的道德之形成和道德正气之弘扬的伦理功能。③ 对于现代教育技术应用而言，应用主体应该做什么、不该做什么，拥有哪些权利、承担哪些责任，行为背后会得到什么或失去

① 参见肖祥：《马克思主义政治伦理思想与当代伦理道德问题研究》，暨南大学出版社2017年版，第111页。

② 参见倪愫襄：《伦理学简论》，武汉大学出版社2018年版，第163页。

③ 参见段治乾：《教育制度伦理研究》，河南人民出版社2005年版，第37页。

什么等，这些内容都是由相应的制度所规定。从应然角度讲，现代教育技术应用主体和对象应当处于一种平等并相互促进的伦理关系之中，应用主体通过技术应用等手段来改进教育活动，从而促进技术对象的发展；技术对象通过自我成长与发展等方式来完善技术，从而满足教育需求。然而事实上，由于缺乏权责保障等机制，现代教育技术应用主体和技术对象之间常常出现"控制与被控制"的关系失衡。同时，教育伦理与技术伦理的规范冲突也由于权责分工不充分而产生。此外，对媒体技术应用权限、教育教学界限等规定的不统一，容易引发技术依赖、情感缺失等教育异化现象。这些问题都需要制度来调节。只有建立了相应的制度体系，才能更好地促进现代教育技术应用的法治监管、社会监督和行业自律。

第二，制度形成过程实际上是对现代教育技术应用机制进行伦理思考和道德判断的过程。从制度生成的角度分析，制度由正式制度、非正式制度和实施机制共同组成。① 实际上，制度本身就是一个制度化的过程。在现代教育技术应用的制度化过程中，一方面，相关政策法规不断制定，使得应用行为有规可循，正式制度逐渐形成，成为约束现代教育技术应用行为的重要内容。与此同时，一些得到社会认可的价值观念、意识形态、风俗习惯等非正式规则或不成文的行为规范，在正式制度无法定义的场合起到规范现代教育技术应用行为的作用。不仅如此，在保证制度运行的过程中，作为"元制度"的实施机制得以成形，发挥了指导、监督、评价的作用。另一方面，在制度建设过程中，对技术设计者、教育者、管理人员等不同主体的伦理要求不断达成共识，关于现代教育技术应用规范逐渐明晰，技术使用权与教育权得以融合，从而形成宏观或微观的教育秩序，规范体系和运行机制的伦理安排也得以完成。这样既能保证现代教育技术应

---

① 参见康永久:《教育制度的生成与变革：新制度教育学论纲》，教育科学出版社 2003 年版，第 101—102 页。

用制度本身的道德要求，也能促成对该制度运行中一系列环节的道德评判和价值判断。

第三，制度内容为现代教育技术应用提供了系统的伦理策略。现代教育技术应用应该从属于一般的教育制度，这是由内在的教育属性决定的。同时，它还应该服从于技术应用规范等相关制度，这是由外在的技术手段所决定的。现代教育技术应用相关制度内容应该包括对技术应用全过程的约束和规范。首先是管理制度，主要解决政府部门、教育机构等教育主体对现代教育技术的功能范围、应用权限等问题的规定。其次是实践制度，主要保障现代教育技术的设计、开发、利用、管理、评价等过程的规范问题。再次是素养类教育制度，主要通过加强技术伦理、信息伦理等素养类教育以提高教育主体的现代教育技术应用能力和综合素质。最后是制度运用和执行的保障机制，如制度的实施细则、监督手段、评估方案、反馈策略等。这些制度体系为防控技术垄断、保障教育权利等伦理问题指明了方向。可以看出，制度作为表达伦理要求的重要方式，为解决现代教育技术应用伦理问题提供了策略体系。从某种程度上说，制度就是指导处理各种教育技术伦理问题的方法集成。

二、德性伦理向度

德性是一种获得性人类品质，德性的拥有和践行能够获得实践的内在利益。[①] 德性伦理是指主体对自身的生存意义、精神归属、处世方式，以及某种伦理精神体认后所形成的精神品质和道德境界。[②] 由此可见，不同于制度伦理的社会规范，德性伦理是对个体的道德约束，侧重于个体或共同体

---

① 　参见［美］麦金太尔：《德性之后》，龚群等译，中国社会科学出版社1995年版，第241页。

② 　参见杨清荣：《略论制度伦理与德性伦理的关系》，《道德与文明》2001年第6期。

的道德品质的形成。这是现代教育技术应用应遵循的另一伦理向度,具体体现在现代教育技术应用主体的精神品质和道德境界上。其中,道德品质在信息时代背景、教育文化传统和技术应用情境中得以自觉形成,以寻求科学应用和实现教育目标为精神慰藉,最终与制度伦理共同发挥作用。现代教育技术应用在德性伦理向度上具有以下几个突出特点。

第一,德性伦理以现代教育技术应用主体为基本对象。这些应用主体是以教育需求分析、决策协商和权利保障为重点的利益共同体,主要由教育机构和技术机构两个利益相关方通过参与教育决策、监督技术应用、调节约束行为,来维护自身利益和共同利益。通常,教育主体主要由政府教育行政系统、教育组织或法人团体、公民个人等组成;技术相关方来自技术部门、教育客户、合作伙伴、监管部门、技术工作人员等。这些参与现代教育技术应用的不同主体共同协作而形成共同体,以实现技术优化教育为目标,共同承担教育责任与义务。

第二,德性伦理是在领略现代教育技术应用伦理精神之后的道德意识建构和个人修养完善,具有自律性和自觉性的特点,突出表现为态度、良心、作风等方面。现代教育技术应用主体表现出来的内在的稳定行为倾向就是态度。积极的态度一经形成便成为习惯性反射,对现代教育技术应用行为具有重要的引导作用。而良心作为道德意识的重要组成部分,是现代教育技术应用主体判断自身行为的"道德律",成为履行教育义务的内在精神力量。另外,良好的工作作风是德性伦理的外在表现,有助于改善现代教育技术应用主体间的伦理关系,能够潜移默化地协调组织机构之间的冲突。总之,德性是让个体高尚并使其实践活动完美的品质,是人之为人的内在规定。只有现代教育技术应用主体端正技术应用态度,建构技术应用良心,形成良好作风,具备完善的道德意识和高尚的个人修养,才不会违背教育规律或技术规范而做出损害教育的不道德行为。

第三,德性伦理必须与制度伦理共同发挥作用。制度伦理与德性伦理的关系并非简单的强制性与自觉性、他律与自律的对立，而是相互支撑、统一契合。一方面，现代教育技术应用主体的德性水平直接影响现代教育技术应用伦理制度的实现。如果现代教育技术应用主体缺少德性，那么无论制度如何健全，都不可能对现代教育技术应用行为产生理想的作用。作为现代教育技术应用共同体德性水平的集中表现，良好的精神风貌有助于制度的健康运行，而低下的德性水平则会瓦解和腐蚀相关制度。另一方面，德性伦理是有限度的，仅通过现代教育技术应用主体德性水平的提高不可能推动现代教育技术应用实践工作的顺利开展。现代教育技术应用的相关制度通过调节人们的行为，将隐含的教育伦理精神和技术伦理规范实体化，不仅能够更新现代教育技术应用主体的德性水平，而且有助于现代教育技术应用共同体形成明确的道德观念，从而促进每一个成员的德性成长。

总之，从伦理的角度来看，现代教育技术应用是制度和德性的统一体。制度伦理和德性伦理相互作用，互为前提。加强制度建设可以为现代教育技术应用提供制度伦理资源，而加强德性建设则可以提高现代教育技术应用的效率。因此，我们应该强化制度伦理与德性伦理的相互作用，明确现代教育技术应用的价值取向，建立与信息时代相适应的现代教育技术应用伦理精神，并将之纳入制度体系，通过制度的潜移默化来提高人们的德性水平，这将成为提高现代教育技术应用有效性的重要途径。

第二节　伦理策略的主要内容

如前所述，保障现代教育技术应用对伦理价值的全面追求，涉及德性和制度两个维度。在德性层面，需要维护技术应用主体在德识、德行和德性方面对"善"的追求；在制度层面，需要遵循现代教育技术向"善"应用的伦理原则和规范要求。具体而言，这包括维护应用主体的自我道德发展需要和教育制度的保障需要。正如第一章所述，现代教育技术作为一个技术系统，具有独特的内部结构，各结构要素之间通过"应用"形成相对稳定的连接方式，从而成为发挥教育功能的基础条件。很显然，只有对具有动力属性的应用主体进行伦理规约，才能保证现代教育技术应用的良性发展。只有确保应用主体的伦理需求得到满足，现代教育技术才能在合乎伦理的轨道上健康运行。为了便于分析，本书将现代教育技术应用主体的伦理需求总结为两个方面：一是内生性伦理需求，以"有用无害"为特征；二是外发性伦理需求，以"制度保障"为特征，而制度保障又突出表现为伦理共同体的形成与维系。

一、有用无害的伦理预设

"有用"对应的是教育价值和教育效用，要求现代教育技术具有为教育服务的价值，并能发挥教化功能。"有用"的意图需要与教育目的保持一致，遵循教育"求善"和"育人"的本能，以"尊重人"和"促进人的发展"为宗旨。教育技术的应用应受到教育法则的约束，促使教育技术走在"为教育服务"的轨道上，避免陷入"工具理性至上"的"无教育"或"反教育"的"无我"或"非我"状态。因此，"有用"是现代教育技术应用的伦理前提。

"无害"就是要消解技术应用带给教育的负向效应，其伦理意义是指对教育负有不可伤害的责任。现代教育技术应用一方面改变了人们的教育观念，具有正向的教育价值，但另一方面也带来了技术依赖、信息鸿沟等风险，潜在地对教育造成负面影响。一旦负价值被唤醒，技术应用带给教育的将不再是福祉，类似唯利益至上、偏离教育目的、危害学生成长、禁锢学生发展等伦理问题便会不断涌来，给教育造成无法估量的损害。因此，"无害"是对现代教育技术应用的最低道德标准和底线伦理要求。

毫无疑问，为了自身发展，现代教育技术只有具备"有用"和"无害"的伦理属性，并且遵循"育人"的价值目标，才能不被排斥于"教育"之外。"有用无害"是应用主体对实现现代教育技术正价值和消解其负价值的基本追求，体现鲜明的教育伦理特色。这是基本伦理预设，理应成为现代教育技术应用主体最基本的道德义务。

为确保实现"有用无害"的伦理诉求，一方面，应用主体必须有责任担当并权责清晰地使用现代教育技术。责任是现代教育技术应用所派生出来的新问题，是指应用主体应该具备的趋利避害的担当与义务，对技术应用产生的教育效果负责。"负责任的使用"能够规避"技术工具理性僭越教育价值理性"的伦理风险，防止现代教育技术应用滑入"异化"的轨道而无法自拔。另一方面，应用主体还要明确在具体教育技术应用环境下所享有的权利，如在网络技术应用情境下的隐私权、名誉权、知识产权，在大数据技术应用情境下的数据人格权和数据财产权，在人工智能应用情境下学生的受教育权和人身权，以及教师的教育教学权、科学研究权、报酬待遇权、民主管理权等。为维护应用主体的基本权利，相关制度的建立至关重要，如现代教育技术应用的行业公约、责任规范、监督与监管条例等法律法规、行业规范、行为准则等。

然而，一个完善的现代教育技术应用制度，并不是应用主体能够自由选择的，而是所有现代教育技术应用相关者协商的结果。它需要由国家教育行政部门、教育行业及相关领域、现代教育技术应用相关单位等多层机构共同制定，并经过选择、完善、执行、变革与创新等一系列建设过程，以确保与教育目的相一致。这个过程被称为现代教育技术应用共同体的形成与维系。

共同目标、身份认同和归属感是共同体的基本特征，也是共同体赖以生成的基本要素。[①] 与现代教育技术应用相关的主体组成共同体，所有成员以实现教育目的为共同目标，按照共同的行业规范，通过身份认同，共同承担责任与义务，得到道德关怀并被道德地对待，从而获得归属感。可以看出，现代教育技术应用共同体内蕴了所有成员共同认可的伦理精神和道德信念，能够满足现代教育技术应用"有用无害"的伦理预设。

二、伦理共同体的建立

伦理共同体（又称为道德共同体）是指应该被道德地对待或应该得到道德关怀的个体和群体的总和，是具有互惠关系的利益共同体。[②] 一方面，伦理共同体具有的共同性、主观认同性、内部法则、内在性和内生性的鲜明特征，使得从共同体的视角实现现代教育技术应用的伦理预设成为可能。[③] 具体来说，"共同性"促使伦理共同体成为实现现代教育技术应用"共同善"和"共同利益"的有效方式；"主观认同性"和"内部法则"能够增强现代教育技术应用各结构要素间的伦理关系和集体归属感，有利于建立共同遵守的现代教育技术应用法律法规与规章制度，便于加强"有用无害"的精神基础和基本条件；"内在性"和"内生性"可以促使成员加深对现代教育技术应用的伦理共识、准入原则、使用规范、研究范式等自身结构的认识，并树立动态更新的发展观念，从而保障共同体的强大生命力，以实现对"教育目标"的终极诉求。另一方面，现代教育技术应用遭遇的诸多伦理困境，无不指向伦理共同体的缺失。要想解决现代技术带给

---

① 参见张志旻、赵世奎、任之光等：《共同体的界定、内涵及其生成——共同体研究综述》，《科学学与科学技术管理》2010 年第 10 期。

② 参见王海明：《论道德共同体》，《中国人民大学学报》2006 年第 2 期。

③ 参见陈越骅：《伦理共同体何以可能——试论其理论维度上的演变及现代困境》，《道德与文明》2012 年第 1 期。

教育的伦理危机，必须建立一个良好的伦理共同体。也就是说，无论是现代教育技术应用主体对规范、美德、发展等基本道德的需要，还是现代教育技术应用系统良性运转对伦理规范的需要，都是对伦理共同体的呼吁。总之，无论是从伦理共同体对现代教育技术应用的适应性上，还是从现代教育技术应用伦理策略对伦理共同体的迫切需求上，建立现代教育技术应用伦理共同体都势在必行。

诚然，现代教育技术应用伦理共同体有其内在的形成机制，并非人为设计而产生的。然而，在发展和进化的动态过程中，科学的引导和必要的保障能够增强伦理共同体的生命力和凝聚力，并最终建立起以原始共同体为基础的新型伦理共同体。因此，建立伦理共同体必须解决伦理信念不强、不同应用主体沟通不畅、政策法规缺乏、制度文化落后等问题。主要路径包括以下四种。

一是建立伦理精神共同体，以"伦理信念"指导现代教育技术应用的健康发展。伦理信念是指人们所持有的一种坚信的道德态度和精神状态，它是维系伦理关系的巨大能量，如果缺失，将导致现代教育技术应用的动力不足、凝聚力弱化等问题。伦理精神共同体一方面给人以精神的享受和抚慰，使人心灵有序，保持健康心态；另一方面，给人以精神的激励和策动，使人态度积极、乐观地迎接人生挑战，创造人生价值。[①] 现代技术与教育的结合促使教育伦理关系发生变化，加之伦理失序问题的消极影响，使得伦理精神共同体的建设尤其重要。建立现代教育技术应用伦理精神共同体，不仅要继承和弘扬教育伦理精神，如尊重人的发展、重视师生关系、教人向善、诚实友善等信念，给予应用主体以精神独立性，而且要创新解读当代教育观念的伦理内涵，增强对现代教育技术应用价值意义的深刻认识。这有助于将共同的"伦理信念"作为共同体的价值观，并通过教

---

① 参见钱广荣：《维护和优化伦理精神共同体》，《光明日报》2015 年 8 月 12 日。

育引导，明确共同体成员的责任和义务，从根本上维护现代教育技术应用的正当性。

二是建立伦理交往共同体，通过"合作交流"打破多主体之间的沟通壁垒，明确责任担当。交往生产共同体，并同时生产共同体与成员的关系，共同体成员之间的交往塑造着他们共有的善恶感、正义感、社会感情、友爱与忠诚。[①] 现代教育技术应用主体间的交往是为了现代教育技术的良性发展而寻求彼此接近、协调、默契的联系活动。事实上，由于缺少必要的交流，现代教育技术应用主体之间的有效交往活动基本没有发生，沟通壁垒严重，具体权责不明确，亟须加强联系和交流。建立现代教育技术应用伦理交往共同体，要以尊重为前提，以诚信为基础，以自愿为原则，以平等为保障。只有现代教育技术应用主体之间相互尊重、彼此信任、自愿沟通、平等交流，有效的交往活动才能发生，从而促进交往共同体的产生。共同体成员在交往中分享观念、更新认知、商量讨论、合作共赢，使得交往共同体逐渐成熟，并反哺现代教育技术应用主体对身份认同、角色定位、权责分配的再认识，从而巩固了彼此之间的伦理关系。

三是建立行业规范共同体，以"规范应用"促进现代教育技术的良性发展。行业规范，也称为行业标准，是在行业部门范围内统一使用的标准。现代教育技术行业规范共同体是由参与制定行业标准和严格遵守并努力完善行业规范的业内人士组成的联合体。建立现代教育技术应用行业规范，首先，要建立相应的组织协调机构，专门对行业内的道德行为规范、法律条文、权利范围、责任义务、规章制度等内容进行协调与制定；其次，要在行业内全面而充分地达成对相关规范的共识，通过充分协商与合作，制定共同遵守的行为准则和统一标准；最后，要建立必要的惩戒机制，以保证行业规范被严格遵守，例如，以公开通报的形式，对失责、侵

---

① 参见廖申白：《伦理学概论》，北京师范大学出版社 2009 年版，第 109 页。

权、违反规定等行业失范行为，根据情节轻重给予说服教育、行业内通报、除名等处分。

四是建立伦理文化共同体，以"文化氛围"促进现代技术与教育人文的共通，最终以现代技术应用促进教育目标的达成。文化是伦理关系得以维持的精神源泉。共同体承载文化，文化铸造共同体成员的思维方式和行为表现，并且超脱个体生命长度使文化以共同体的形式绵延扩展。[①] 现代教育技术应用的学科交叉特点，使其具有不同的伦理文化底蕴。将技术与教育两个领域的文化主体纳入现代教育技术应用伦理文化共同体之内，能够促进技术伦理文化与教育伦理文化的有机融合，进而形成共同文化。为达成两种文化的对话与融合，必须消除歧视，倡导尊重，提升境界，人尽其才，共同推进现代教育技术应用的文化发展。具体而言，通过意识形态影响、技术伦理教育、政策倾向引导等手段，寻找现代技术应用内蕴的工匠伦理文化（如对效益的重视、对技艺的执着、对品质的苛求）与教育所内含的尊重、关爱、向善、自由、公平等伦理文化的结合点，加强文化熏陶，从而形成现代教育技术应用伦理共同体成员的文化认同。

伦理精神共同体、伦理交往共同体、行业规范共同体和伦理文化共同体组成了现代教育技术应用的伦理共同体。只有建立并维护好伦理共同体，才能有针对性地解决现代教育技术应用中的伦理风险。

第三节　伦理保障的教育途径

保障现代教育技术应用合乎伦理，离不开技术伦理教育和信息伦理教育的支持。从技术属性来看，技术伦理是科技伦理的一部分，与科学伦理

---

① 参见罗生全、刘志慧：《论教师伦理发展的共同体逻辑》，《教育研究》2015 年第 7 期。

相对应；而信息伦理又称为信息科技伦理，由信息技术伦理和信息科学伦理两部分组成，通常包括计算机伦理、网络伦理、数据伦理等内容。可见，技术伦理与信息伦理之间有一定联系，技术伦理包括信息技术伦理，而不包括信息科学伦理；信息伦理属于科技伦理的一部分。在教育属性上，一般来讲，信息伦理教育是信息素养教育的一部分，又称信息道德教育；而技术伦理教育是科技伦理教育的一部分，通常内嵌于科技伦理教育之中。可见，二者的教育内容各不相同，属于两种不同的伦理教育途径，因而有必要区分开来。鉴于此，本节分别对二者的重要性及其开展途径进行阐释。

一、开展技术伦理教育

2022 年，中共中央办公厅、国务院办公厅印发的《关于加强科技伦理治理的意见》明确指出，要重视科技伦理教育，"教育青年学生树立正确的科技伦理意识，遵守科技伦理要求"[1]，为技术伦理教育指明了方向。

一般来说，科技伦理由科学伦理和技术伦理两个部分构成。其中，技术伦理主要讨论如何运用道德的价值标准判断技术研发的"是"与"非"，取舍技术应用的"善"与"恶"。[2] 由于技术的具体形态不同，技术伦理表现形式多种多样，例如，在信息技术时代，信息伦理是技术伦理的典型表现形式之一。而技术伦理教育是指通过伦理教育手段，对技术行为进行引导与规范，以调节技术与人的关系的教育活动，是科技伦理教育的重要组成部分。

---

[1] 中共中央办公厅、国务院办公厅：《关于加强科技伦理治理的意见》，2022 年 3 月 20 日，见 http://www.gov.cn/zhengce/2022-03/20/content_5680105.htm。

[2] 参见吴太胜等：《技术伦理导论》，现代教育出版社 2011 年版，第 5 页。

（一）技术伦理教育的重要意义

面向教师、学生、教育行政及管理人员等现代教育技术应用相关主体开展技术伦理教育，是端正教育技术应用态度、提高教育技术应用意识、养成教育技术应用规范的重要保证。一方面，开展技术伦理教育有助于人们在教育技术应用过程中得到明确的道德引导，减少出于恶的目的而应用现代技术的可能性。技术伦理的外在规范性需要通过教育手段来内化为人对技术活动的约束力量。[①]技术伦理教育通过倡导"应用技术为社会造福，而非唯利是图，更不是去作恶"的理念，指引人们不断思考以下教育技术应用问题：什么样的教育技术活动是善的或者恶的；什么样的技术行为是应该做的或者不应该做的；在技术应用与教育事业、师生利益以至社会长远利益构成矛盾时，应该维护哪种利益。另一方面，开展技术伦理教育有助于提高人们对于现代教育技术应用后果的道德责任感。现代教育技术应用不仅要解决在技术层面"能不能"的问题，而且要关注在伦理层面"该不该"的问题。因此，技术伦理教育能够弥补当前教育技术学科教学方面存在的偏重技术教育的不足，通过培养教育技术应用的"向善性"，在发展良好的技术品质的同时，提升教育技术应用主体的技术伦理品质。

在当今信息化时代，教育工作者需要考虑的不仅是技术作为教学工具的应用效果，还要注意这种技术如何改变人们的学习观念、思维方式，以及在多大程度上改变了教育理念。因此，无论是如何保持教育职业操守，还是技术应用应遵循怎样的伦理规范，都与技术伦理教育内容密切相关。

技术伦理教育主要是引导人们认识到技术内蕴的道德责任，帮助人们树立正确的技术应用价值取向，重视对技术的人文关怀，促进科学精神和

---

① 参见吴太胜：《技术伦理的理论诠释与工科院校德育的实践创新》，《理工高教研究》2005 年第 5 期。

人文精神的融合。对于教育工作者来说，加强技术伦理教育在很大程度上是加强技术观教育，通过对技术现象进行道德评价和价值导向，对技术后果进行预测和深思。这样可以使人们在研究和使用技术的过程中不仅考虑技术对教育的正面影响，还要考虑其目的、手段和结果的正当性，用社会倡导的道德标准来规范技术行为，以协调技术与教育、人、环境、社会之间的关系，同时帮助人们辨识在技术面前哪些事应该做、哪些事不应该做、哪些事现在应该做、哪些事永远不能做。因此，对于现代教育技术应用主体开展技术伦理教育，需要遵循以下原则。

第一，知行合一。技术伦理教育应该引导人们在应用现代教育技术的过程中理解和遵循技术伦理规范，并认真用技术伦理知识指导技术行为，做到知行合一。现代教育技术应用主体应该从意识和行为两个角度出发，保持警惕性和道德性，坚持对现代教育技术应用的目标和后果进行反思，始终追求知行统一。

第二，自律和他律相结合。技术伦理教育应加强对现代教育技术应用主体的自控能力和意志力训练，树立正确的技术应用观念。同时，借助舆论宣传进行鞭策、感化和劝诫，并呼吁建立内含伦理价值的科技评价机制，唤醒人们对技术的监督，否定和抑制违背技术伦理要求的行为，强化社会道德规范的感化作用。

第三，科学精神和人文精神有机融合。技术伦理教育应引导现代教育技术应用主体正确认识技术与社会、自我的关系。在具备科技素养的同时，提倡批判和怀疑精神，培养健康的心理、独立的人格、必要的文化品位，以及高雅的审美情趣。

第四，技术应用能力的发展与技术内在伦理精神的建构有机融合。技术伦理教育应使现代教育技术应用主体意识到，掌握技术应用技巧是必要的，同时具备技术应用伦理素养也是必需的。技术伦理教育不仅要遵循科技伦理治理的总体要求，而且要遵循制度与意识并重、目标与责任并重、规制与引领并重的原则。①

（二）技术伦理教育与思政教学的融合

开展技术伦理教育一般有三种方式：单独开设技术伦理相关课程、在其他课程中增设技术伦理相关章节，以及将技术伦理作为思政元素融入课程思政和思想政治教育教学中。在思政教学改革的当下，前两种方式的普及难度较大，第三种方式最为适宜，即将技术伦理作为思政元素融入课程思政教学或思政教学改革中。

数字化转型过程中，思想政治教育面临新的难题，即以信息技术的价值重建与观念认同为根本挑战。如何引导核心道德信念和行为规范的形成，是当今技术时代思政教学的热点问题，也是技术伦理教育的重点内容。2020 年，教育部印发《高等学校课程思政建设指导纲要》，其中指出，课程思政建设要加强中华优秀传统文化教育，深化职业理想和职业道德教育，理工类课程要注重科技伦理教育。② 这为技术伦理教育融入思政教学提供了理念指导。在开展教育技术相关课程的思政教学过程中，我们可以将中国传统技术伦理思想、马克思技术伦理思想、责任伦理思想等理论资源融入课程教学中，引导学生学思践悟，积极参与技术公共事务，增强职业责任感。

实际上，技术伦理教育与思想政治教育在内容上存在交叉和重合。技术伦理教育可以看作是思政教育在技术领域的一种具体表现形式，思政教育为技术伦理教育提供价值引领和方法指导，技术伦理教育为思政教育提供内容并体现思政价值。然而，在全面推进课程思政建设的当下，课程教学中关乎技术伦理的思政元素还有待挖掘。例如，涉及人机关系、隐私保

---

① 参见谢惠媛、常舒铭：《高校科技伦理教育的三重原则》，《光明日报》2023 年 1 月 3 日。
② 参见《高等学校课程思政建设指导纲要》，2020 年 6 月 1 日，见 http://www.moe.gov.cn/srcsite/A08/s7056/202006/t20200603_462437.html。

护、技术风险规避、可持续发展等技术伦理话题，以及新一代信息技术对学生学习效果、受教育机会、教育公平的影响等教育伦理问题，都是良好的思想政治教育资源，值得融入信息科学、教育学等学科领域的课程思政教学目标和教学内容中。只有将技术伦理教育与思政教育有机结合起来，二者相互补充，才能更好地应对新技术带来的伦理道德难题。

认识技术的内在价值和所需要的道德规范，能够使人们充分相信现代教育技术运行的合理性，增强从事教育技术工作的道德认同感。因此，通过对现代教育技术应用主体实施技术伦理教育以达到思政教育的目的是必要而可行的。面向现代教育技术应用主体加强技术伦理融入思政教学的主要途径有以下四种。第一，对现代教育技术相关课程的教学人员进行思政教育培训，增强技术伦理教育意识和理念，树立正确的技术观和教育观，提高职业道德修养。第二，以校园文化为载体，广泛挖掘技术伦理相关思政元素，通过校园广播、公共报告等形式进行舆论宣传，同时树立典型示范案例，提升技术伦理教育效果。第三，在诸如计算机文化基础、教育技术学、信息技术概论等理工类、教育类相关课程教学中渗透技术伦理教育，开发蕴含技术伦理教育的教学资源，建设专门特色教学网站用以宣传技术伦理观念。第四，开展专业技术伦理教育实践，直面现实社会中由于技术应用而产生的伦理难题，在实践中寻找解决方法，增强现代教育技术应用主体的社会适应性，培养德才兼备、能担重任的优秀人才。

通过将技术伦理融入思政教学的方式开展技术伦理教育，我们需要着重解决以下问题：首先是工具理性的过度强调和价值理性的衰退，这可能导致思政教学面临技术异化的风险；其次是现代技术直接被应用于教育，忽视了教育伦理的选择作用，偏离了思政教学的核心目标，削弱了主流意识形态的影响力；最后是对现代教育技术"应然"与"应为"的范围界定不清，导致技术伦理等思政元素浮于教学表面，难以融入课程内容体系。实际上，思想政治教育具有突出的伦理服务功能，其教育理念、教育原则、课程设置、师生关系、实施路径和教育评价等诸多环节无不渗透着伦理要素。尤其在我国技术伦理教育发展缓慢且严重缺失的当下，面对现代教育技术应用带来的责任不明、情感缺位、隐私泄露等伦理难题，更需要思想政治教育提供实践方案，实现技术理性与教育人文的共通与交融。

二、开展信息伦理教育

与技术伦理不同，信息伦理更关注信息社会的伦理道德规范。信息社会需要的是既有创新能力和高尚道德情操，又具备优良信息素养的创新型人才。信息素养是全球信息化时代人们需要具备的基本能力，用来描述人们在信息化社会中的行为素养，一般包括信息意识、信息知识、信息能力、信息伦理四个方面。其中，信息伦理指的是人们在信息化环境中的道德情感、法律意识和社会责任等内容，侧重于对信息行为的伦理规约。随着信息技术的不断发展，信息伦理的内涵也在不断发生变化，不仅包括传统信息技术引发的计算机伦理、网络伦理，还包括新一代信息技术带来的大数据伦理、人工智能伦理。开展信息伦理教育已成为信息时代教育的重要任务。

（一）信息伦理教育的重要性及主要内容

信息伦理是调整人们之间以及个人和社会之间信息关系的行为规范总和，它不由国家强行制定和强行执行，而是依靠社会舆论和人们的信念、习惯、传统和教育的力量来维持。[①] 一方面，信息伦理是技术伦理在信息技术领域的特殊表现形式，也被称为数字伦理，因此具备技术伦理的各种属性特征。另一方面，信息伦理是信息社会伦理道德规范的重要载体，通

① 参见沙勇忠、王怀诗：《信息伦理论纲》，《情报科学》1998 年第 6 期。

常与信息素养密切相关，并具有社会伦理的特性。

信息伦理教育就是引导信息行为主体正确面对信息环境中的人和事，积极使用社会规范、伦理道德、法律等手段来规范信息行为，培养其信息伦理的意识、知识和能力。因此，信息伦理教育承载了规范信息技术行为、构建信息社会良好伦理秩序的重任。尤其在当前数字化转型的时代背景下，教育数字化转型在引发社会、经济、法律等问题的同时，也带来伦理问题，促使数字伦理成为信息伦理的代名词，引发人们的广泛关注。

2021 年，中央网络安全和信息化委员会印发《提升全民数字素养与技能行动纲要》，其中指出要提高数字安全保护能力、强化数字社会法治道德规范。①2022 年，中央网信办、教育部、工业和信息化部、人力资源和社会保障部联合印发《2022 年提升全民数字素养与技能工作要点》，提出通过增强网络安全、数据安全防护意识和能力，加强个人信息和隐私保护，来筑牢数字安全保护屏障，以及通过提高全民网络文明素养，强化全民数字道德伦理规范。② 这里出现的数字安全、隐私保护、网络文明、数字道德伦理规范都指向了数字伦理这一概念。可以说，数字伦理就是与数字化转型、数字化技术的开发和应用相关的伦理理念和行为规范。

为了体现对现代教育技术应用主体的关注，本书仅对教师的数字伦理素养进行分析。教师的数字伦理素养指的是教师基于数字化的价值取向和数字伦理观念而形成的识别、判断道德问题并提出应对策略的综合能力，表现为数字化教学活动中的道德意识、能力和行为规范。因此，教师数字伦理素养的基本内涵至少由三个部分组成。第一，数字伦理意识，包括伦理准则意识、伦理责任意识和伦理目标意识。其中，准则意识是指教师的

---

① 参见中央网络安全和信息化委员会：《提升全民数字素养与技能行动纲要》，2021 年 11 月 5 日，见 http://www.cac.gov.cn/2021-11/05/c_1637708867754305.htm。

② 参见《中央网信办等四部门印发〈2022 年提升全民数字素养与技能工作要点〉》，2022 年 3 月 2 日，见 http://www.cac.gov.cn/2022-03/02/c_1647826931080748.htm。

原则立场和根本态度，突出表现为教师严格律己的精神；责任意识是指教师如何看待数字技术应用的责、权、利；目标意识是指教师对数字技术的教育价值的认识。第二，数字伦理知识，包括数字伦理的内涵特征、结构框架，与数字化相关的法律法规等理论知识，以及对教育伦理规范和数字伦理规范的总体认知。第三，数字伦理能力，包括对教育数字化问题的道德判断能力和形成伦理决策的能力，以及自觉抵制伦理失范现象、养成遵守伦理规范的良好行为习惯。

从概念的外延来看，理解教师数字伦理素养的含义需要区分教师的社会责任与伦理的关系。二者都是人的行为的规范体系。其中，社会责任是教师个体或教师群体对社会整体承担的责任，由角色义务责任和法律责任构成。而伦理是道德行为的规范体系，包括道德标准和价值观念。因此，二者的共同目标都是维护教育公共利益和社会秩序，促进社会和谐发展。社会责任的实践可以增强教师个人或教师群体的伦理责任感。而伦理规范可以指导教师做出符合社会责任的行为，促使教师个人或教师群体实现自身的社会责任。

教师数字伦理素养的发展需要遵循增强伦理意识、扩充伦理知识、提高伦理能力的主线。因此，面向教师开展数字伦理教育，首先，要深入了解教师数字伦理意识的发展状况，引导教师持续关注教育数字化转型中的伦理问题。其次，要引导教师全面理解教育数字化相关法律法规的基本要求，系统掌握教育数字伦理的知识内容。最后，要不断强化教师的数字化道德判断能力和伦理决策能力，引导教师主动承担数字社会中的角色责任。只有这样，才能把教师个体的道德认知转化为教师群体的伦理共识，进一步加强教师行业的责任担当。唯有全面提升教师的教育数字伦理素养，才能保障教师在数字化应用中保护自己、他人和国家的利益，成为有责任感、有道德感、有公德心的新时代好老师。

具体而言，数字伦理教育一方面要向教师教授法治道德规范的内容，引导教师树立依法规范上网、合理使用数字产品和服务、维护积极健康的网络环境的法治观念，促进教师掌握互联网法律法规知识和数字产品使用规则，提升教师尊重知识产权、注重学生身心健康、遵守网络伦理秩序的能力；另一方面要通过案例分析等方式，帮助教师提高保护个人信息和隐私的意识，引导教师积极维护在教育教学工作中收集、存储、使用、传播学生、家长等相关数据的安全，强化教师在辨别、防范、处置网络谣言、网络暴力、电信诈骗、信息窃取等网络危险行为时的应对能力。例如，在遵守互联网法律法规、自觉规范上网行为方面，要讲解《中华人民共和国民法典》《中华人民共和国个人信息保护法》等法律法规中关于隐私权、个人信息、敏感个人信息等方面的规定，引导教师做好个人和学生的信息保护工作；在合理使用数字产品和服务方面，要介绍《中华人民共和国网络安全法》中关于网络信息安全的规定，引导教师遵循正当必要、知情同意、目的明确和安全保障四个基本原则为网络应用保驾护航；在维护学生健康、传播正能量方面，要遵循《中华人民共和国未成年人保护法》《儿童个人信息网络保护规定》等法律法规的要求，加强学生的网络保护；在尊重知识产权方面，引导教师学习《中华人民共和国著作权法》的相关规定，正确对待教师在教学工作中产出的教案、课件、论文、口述作品等智力成果的版权问题；在收集、存储、使用、传播工作数据方面，要使教师了解如何判断某项信息是否属于个人信息或个人敏感信息；在识别网络谣言、防范网络暴力和电信诈骗方面，要向教师介绍中国互联网联合辟谣平台、中央网信办（国家互联网信息办公室）违法和不良信息举报中心等平台的功能，以及《中华人民共和国反电信网络诈骗法》的相关规定；在应对信息窃取行为方面，要引导教师了解《中华人民共和国刑法》中侵犯公民个人信息罪的相关规定；在使用教育类移动应用（APP）、智能工具方面，引导教师认识到它们在数据安全与用户个人信息保护方面存在的问题，如数据存储和共享环节安全隐患多、不规范收集信息、不合理隐私政策、被遗忘权无法享有等典型伦理问题，通过学习我国《新一代人工智能伦理规范》等政策文件，提升教师使用数字产品和服务的个人信息保护意识和能力。

（二）数据伦理教育与德育融合

进入教育信息化 2.0 时代，信息素养的重要表现形式——数据素养成为新的研究热点。在推动实施国家大数据战略的背景下，大数据应用中存在的伦理风险不可回避。数字身份盗用、隐私数据泄露、数据不当使用、数据决策不人性化等伦理道德问题，呼吁数据伦理教育和德育做出积极回应。

数据伦理作为信息伦理的下位概念，指的是在数据的产生、获取、管理、利用、评价过程中所应遵循的道德信念和行为规范。在大数据时代，数据伦理是引导大数据良性发展的道德动机和正当理由，也是处理人与大数据之间关系应遵循的伦理准则。数据伦理教育是指为启发人们的数据伦理意识、提高应对数据风险能力、提升数据道德水平所进行的一系列教育活动。这些教育活动可以帮助人们树立正确的数据观念和意识，增强对大数据时代的道德认同感，从而引导人们在产生、采集、存储和利用大数据的过程中遵循必要的道德信念和行为规范。

可见，数据伦理教育与德育在内容上存在交叉和重合。实际上，数据伦理教育可以看作是德育在大数据应用领域的一种具体形态。然而，当前数据伦理教育内含于数据素养教育之中，独立性不够明显。数据素养教育的内容主要包括数据的收集技能、数据组织与管理的规则和技术、数据分析的工具和技能、数据保存与安全问题、数据共享规则、数据管理和应用中的法规和伦理道德等方面，涵盖了增强数据意识、培养数据能力和树立数据伦理三个模块的内容。由于当前的数据伦理教育独立于德育之外，在理念和方法上得不到德育的观照，长期处于效果不明显的状态。

数据伦理教育与德育的关系非常密切。前者是后者的重要内容，后者为前者提供价值导向。数据伦理教育不应仅局限在数据素养教育之内，而应积极寻求德育母体的特殊支持。若德育价值得不到彰显，数据伦理教育就会缺乏根基。此外，数据伦理教育的实践过程具有层级性，既包括技能层面的伦理策略，又涉及理念层面的道德情感和信念。一方面，将大数据等技术手段与德育结合起来，能够形成独立的数据伦理教育理论，丰富数据素养教育的内容体系，扩展德育的研究范畴，并有助于引导人们形成正确的数据伦理观，有效促进德育手段的不断创新和与大数据的深度融合。另一方面，从德育层面建立教育框架，能够为数据伦理教育提供模式借鉴和方法指导，从而形成完善和系统化的数据伦理教育目标、课程内容、教学方式，对增强大数据时代的道德信念和伦理规范具有推动作用。

毫无疑问，在学科属性上，数据伦理教育与德育更相近。而数据的技术属性，使得数据伦理同时也属于技术伦理。实际上，德育不仅是推行科技伦理的重要平台，还要对科技伦理进行积极回应。大数据和德育的有效融合是落实立德树人的重要途径，增强数据安全意识、完善政策法规等数据伦理教育举措是实施德育的有效途径。只有将数据伦理教育与德育有机结合起来，才能更好地应对大数据应用带来的伦理难题。

综上可见，要想驾驭现代教育技术应用的精神力量，就需要发挥道德教育的超越性和指导作用，促使道德教育关注技术应用的现实，指导技术发展的未来。尤其在当前强调信息技术与教育教学深度融合的时代背景下，信息技术应用中的伦理问题成为德育的重要抓手，促使数据伦理教育成为重要的教学切入点。

第七章　现代教育技术应用
伦理的现实观照

现代教育技术应用的伦理审视思路为具体形态的教育技术伦理研究提供了视角和方法，能够发挥规范、调节、引导的作用，不仅拓展了教育技术理论研究的范围，而且对诸如教育大数据、人工智能教育应用等新兴教育技术应用实践给予了伦理观照。本章超越现代技术的各种具体表象，以大数据和人工智能为例，依照审视现代教育技术应用的伦理视角与方法，对大数据教育应用和人工智能教育应用进行伦理考察，以厘清教育大数据和教育人工智能面临的伦理难题及伦理治理路径。

第一节　教育大数据的伦理治理

对教育大数据进行伦理规约，实质就是对其进行伦理治理。大数据时代，教育数据以前所未有的速度持续产生并亟待服务于教育改革，面向教育的数据治理迫在眉睫。不宁唯是，进入教育信息化 2.0 时代，推进大数据驱动的教育治理已成共识。由此催生的"教育数据治理"近几年已成为教育大数据领域的研究热点和重点。然而，教育治理的数据主义倾向、数据治理的人文缺失等现象不断涌现，成为教育数据治理的重要障碍，也暴露出该领域研究中的伦理缺位问题。那么，教育数据治理内蕴怎样的伦理价值？治理过程又当如何进行伦理规约？当追问走向深层时，对教育数据治理及其伦理争论也将越发激烈。本书尝试从伦理价值和伦理路径等理论角度对教育数据治理进行伦理探寻，以求引起更广泛的思考。

一、教育数据治理的伦理内涵

作为治理理论在教育领域的延伸，教育治理是多元主体共同管理教育公共事务的过程，其最终目标是建立高效、公平、自由、有序的教育新格局。[①] 在数据工程领域，数据治理是把数据视为资产对数据进行优化、保护和利用的过程，目标是从数据中获取最大价值。[②] 从语义上看，教育数据治理既是教育的数据治理，也是教育数据的治理，因而既是教育问题，也是数据问题。教育的育人属性与数据的技术本质同时存在，注定了教育数据治理具有独特的伦理价值。大数据治理的兴起，促使数据治理的内涵得以拓展。实际上，大数据治理本质上还是数据治理，是数据治理发展的新阶段，更强调发挥数据的应用价值。[③] 目前，各行业领域都在开展数据治理工作，以实现科学决策促进产业发展。

教育数据主要是通过教育活动产生的教与学数据，以及从各式各样数据库、数字行为痕迹中获取的教育活动数据。近年来，有关"教育治理现代化""教育大数据治理"等研究成果，弥合了传统教育治理和大数据时代教育治理的隔阂，使"教育数据治理"的概念逐渐明朗。从治理的本质出发，教育数据治理是教育治理和数据治理交互相融的系统过程，即针对教育问题开展教育数据的收集、挖掘和分析工作，并作出科学的教育决策，从而解决教育问题，达到教育治理的目的。教育数据治理的结构体系如图 8-1 所示。

---

① 参见褚宏启:《教育治理:以共治求善治》,《教育研究》2014 年第 10 期。

② 参见曹建军等:《数据质量导论》,国防工业出版社 2017 年版,第 295 页。

③ 参见张绍华等:《大数据治理与服务》,上海科学技术出版社 2016 年版,第 34 页。

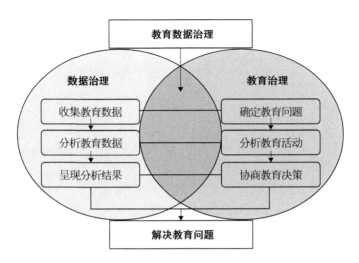

图 8-1　教育数据治理的结构体系

　　具体而言，教育数据治理包括数据治理和教育治理两部分。其中，数据治理是手段，教育治理是目的。治理过程遵循提出问题、分析问题、解决问题的思路展开。首先，通过充分收集教育数据来确定教育问题。其次，通过分析教育数据之间的相关关系来分析教育活动。最后，通过呈现数据分析结果，协商制定教育决策，提出解决方案。教育数据治理最突出的特点是交叉融合。它不仅起到连接数据治理和教育治理的桥梁作用，而且担负协调跨机构、跨部门开展合作治理的重任。这种综合治理模式通过协调数据效益目标和教育价值目标，以科学合理的教育决策为最终追寻。因此，为实现教育决策的手段善与目的善、公共善与公民权等伦理诉求，必须彰显教育数据治理的道德合理性及其内在的伦理价值。

　　教育数据不仅涉及数据伦理方面的安全和隐私问题，也与以人为本、人的全面发展等教育伦理息息相关。因此，教育数据治理离不开伦理道德的观照与润泽，其中的道德理由或合理性便是开启教育数据治理之伦理探寻的逻辑起点。如果说教育数据是因为信息技术的应用而被动生成的，具有客观性，那么对教育数据的收集、分析、利用等治理行为则明显是主观行为，负有伦理价值，可以进行道德分析。因此，对治理主体进行治理目的层面的分析，正是在追寻教育数据治理的道德合理性。

一般来说，数据收集主要由教育行政主管部门和教育商业机构来完成。尽管这两种主体分类在表述上有所不同，但它们都涉及政府和市场领域。例如，教育机构包括教育商业团体等营利性教育组织。因此，可以说，教育数据治理的主体是政府的教育行政部门和教育商业机构这两个群体。他们进行教育数据治理的基本理由有两个。首先，教育行政部门为了更好地为公民提供积极主动的教育服务，维护公共利益，有理由对教育数据进行获取、分析以作出决策；[①] 其次，教育商业机构为了更好地向客户提供教育服务，以及应对信任危机和交易风险，维护商业利益，有必要识别、获取、利用、共享客户的教育信息、交易记录等数据。因此，教育数据治理一方面是为了维护治理主体的利益，例如，政府部门维护公共教育利益、商业机构维护商业利益；另一方面是为了更好地服务于治理对象，例如，政府为大众提供教育服务、商业机构为客户提供教育服务。在这种道德合理性的支配下，从教育需求出发，通过数据治理，达到解决教育问题的目的，才是合乎伦理的教育数据治理，其中的伦理内涵才得以彰显。

教育数据治理内在的人文主义价值理性和数据主义技术理性两种价值取向，使其伦理内涵突出表现在教育伦理和数据伦理上。一方面，教育数据治理的落脚点是教育治理，以解决教育问题、促进教育发展为根本目标，与教育伦理目标相一致。教育伦理关注教育权、教育责任、教育角色和教育德性，以善恶为价值取向，引导和约束人们以善律教，[②] 遵循以人为本、教育公正、和谐发展、民主协商等伦理原则。[③] 教育数据治理应

---

① 参见［荷］尤瑞恩·范登·霍文等：《信息技术与道德哲学》，赵迎欢等译，科学出版社 2014 年版，第 251 页。

② 参见于永昌：《教育伦理》，沈阳出版社 2008 年版，第 14 页。

③ 参见李廷宪：《教育伦理学的体系与案例》，安徽师范大学出版社 2010 年版，第 47 页。

当遵循教育伦理精神，确保治理主体承担教育责任、治理过程遵循以善律教、治理对象能够受益发展、治理结果符合教育目标。另一方面，教育数据治理具有数据主义的价值导向。由于数据本身负荷了技术意向性，容易使教育数据治理陷入对数据的依赖和盲从的技术逻辑，从而推崇问题解决的效率而遮蔽了教育的人文诉求。以技术的客观中立性来保证数据的客观中立性是不可能的，因此必须在数据伦理的规范约束下对数据行为进行道德审视。

总之，教育数据治理既要遵循教育伦理的引导与要求，也要接受数据伦理的规定与约束。随着大数据伦理的发展，技术哲学、信息伦理等领域对数据伦理的研究，以及教育领域对教育大数据哲学及伦理的研究，促进了教育领域数据伦理的发展，形成了教育伦理与数据伦理的交叉研究——教育数据伦理。以教育伦理和数据伦理为分析框架的教育数据伦理，旨在调和不同主体因价值冲突而引起的理念矛盾，指导人们理性评价教育数据行为中的道德问题，对有争议的事实或价值做出逻辑论证，从而解决数据不当获取、隐私泄露、所有权不明、个体名誉受损等伦理问题。换言之，教育数据伦理提高数据主体的道德能力、规范数据行为的道德落实、塑造数据对象的道德情感、增强数据结果的道德意义的目标追求，为教育数据治理扫清了伦理障碍，体现了教育数据治理的伦理价值。

数据的产生、收集、处理、分析的过程构成了教育数据治理的结构体系。为了应对伦理难题，本书从数据收集的伦理嵌入、数据分析的伦理调适、教育决策的伦理评估三个方向，探寻了一条教育数据治理的伦理路径。

二、教育数据治理的伦理路径

制度伦理和德性伦理在宏观上为教育数据治理指明了伦理发展的方向

和途径。从治理过程来看，教育数据治理至少应包括收集数据以确定教育问题、分析数据以阐释教育意义、协商作出教育决策三个基本阶段。这是按照提出问题、分析问题、解决问题的逻辑展开的，也是数据治理与教育治理相融合的结果。为实现教育数据治理的伦理价值，有必要遵循制度伦理和德性伦理的基本向度，对数据收集、数据分析和教育决策等具体治理环节进行伦理规约。

（一）数据收集阶段的伦理嵌入

在教育数据治理过程中，数据收集是极为重要的一个环节，在很大程度上决定了治理的方向和结果。教育数据收集，也被称为教育数据采集，是从各种教育平台及相关电子终端的运行或检测数据中获得教育数据，并得出有价值的信息。在这个阶段，治理主体初步明确了教育数据的收集范围及规模、数据权利的归属及边界、数据使用的权责及期限等问题，同时也形成了教育数据治理的行为意向。因此，对教育数据收集进行伦理考量，将教育价值和技术规范嵌入其中，有助于促使教育数据治理从一开始就负载上伦理价值。

首先，在数据收集目标中嵌入教育数据治理的伦理目标。为了限定教育数据的收集范围和划定相应的数据收集行为界限，在数据收集阶段不仅要遵循权责统一的数据伦理规范，纠偏教育数据本身内隐的数据主义至上倾向，以确保治理手段具有伦理性，而且要遵循教育求善和育人的伦理前提，避免陷入数据主义的无教育或反教育状态，以确保教育数据收集行为不对教育构成伤害。这种对数据理念和教育理念的价值调和，是数据收集行为应遵循的最基本的道德义务，也是教育数据治理对伦理价值的终极追求。只有嵌入了该伦理目标，才能指引数据收集在教育理性的轨道中前行。

其次，在数据收集过程中嵌入教育数据治理的伦理向度。为了满足治理的具体需求，应该在数据收集前预先定义谁来收集数据、收集哪些数据等基本问题，并根据数据的不同类型和应用目的，从制度伦理的角度建立层级分明的数据收集规范，以确保数据收集的质量和效率。制定教育数据收集规范需要明确以下内容：规范的适用范围和目的；数据采集对象、责任主体；数据收集的技术方法、工具系统；具体的数据内容、数据格式、数据标准；收集后的数据传送方式等。同时，从德性伦理的角度出发，提高数据收集人员及数据提供者的道德觉悟和权责意识，完善自律公约，促进教育素养和数据素养的有效融合，从而为后续治理环节创造良好的治理环境和道德风气。

最后，在数据收集主体中嵌入伦理责任。一方面，要明确数据收集者的伦理责任。作为拥有数据收集权的责任主体，教育数据收集者不仅要具备保证数据质量、保障数据安全等义务，而且要担负起向数据提供者告知数据权利、保证数据共享合法性，以及解释数据收集之后的存储、整合、呈现、归档、使用、传播、二次利用、删除、清理、销毁等相关安排的责任。另外，他们不仅要承担教育使命、社会责任、职业道德等伦理责任，而且要对数据收集行为带来的后果承担法律责任。另一方面，要维护教育数据提供者的数据权利。这就需要改变以往不公开收集数据的做法，尊重数据提供者的数据财产权和数据人格权。在数据收集之前，必须向数据提供方告知他们拥有同意或禁止自身数据被收集、被使用、被牟利所对应的采集权、使用权和效益权，对数据收集和使用的过程与目的的知情权和敏感数据不被侵犯、披露、恶意使用的隐私权，以及对数据进行删除、销毁的修改权。

（二）数据分析阶段的伦理调适

教育数据收集完成后，进入数据分析阶段。该阶段的最高追求是分析结果的高准确率。这里的数据分析实际上是一系列数据行为的总称，也被称为数据处理，一般有存储管理、数据仓库、联机分析、数据挖掘、商务智能、大数据分析六个过程。① 显然，教育数据分析是以"深度挖掘 + 超级计算"为基本模式，将教育数据转化为教育意义的阐释过程。这个过程依赖于预先设定的算法。

算法驱动是教育数据分析的技术本质。算法是解决问题的计算程序，通过对教育数据的挖掘和分析，自动生成关于教育的画像。这看似一个"客观中立"的过程，却面临激烈的伦理争论，需要进行调适。数据处理环节涉及的算法伦理是构成大数据伦理治理体系的主要内容。② 因此，算法伦理是教育数据分析阶段的治理重点。

对算法进行伦理规约就是调适算法带来的伦理冲突。这些冲突主要表现在算法的设计理念和应用方式上。一方面，从技术伦理的内在规范和价值判断出发，将可理解和值得信任作为对算法设计的基本共识和伦理要求，并在具体教育情境分析的基础上，根据具体的数据伦理理论进行编写，以消除主观偏见和权力操纵，调适算法在设计理念上的冲突。这需要加强教育数据治理共同体与社会公众的沟通交流，通过联通信息科学、教育科学、科技伦理等多领域的合作，组织公众共同参与算法设计，以共同治理来减少算法设计中的偏见和歧视。另一方面，建立多级互促的监管模式，通过算法设计人员的自我管理、政府部门与教育机构等相关组织的监管，以及媒体与公众的监督，消除算法独裁，避免算法黑箱，并追问算法输出结果的教育价值。算法在教育数据分析中的作用机制通常是隐蔽的。因此，除了要强化教育数据治理共同体及其成员的内在道德约束，还应该加大对算法应用的监管力度。在教育数据分析阶段，至少有三级主体负有

---

① 参见李志刚：《大数据：大价值、大机遇、大变革》，电子工业出版社 2012 年版，第 99 页。

② 参见徐圣龙：《"公共的"与"存在于公共空间的"——大数据的伦理进路》，《哲学动态》2019 年第 8 期。

监督责任：算法设计群体作为自律主体，是监管的基础；政府与相关教育组织是监管主体，指引监管的方向；媒体与社会公众是监督主体，提供监管的动力。多级主体之间需要协调配合、互相促进，以实现对算法应用的共同监督。只有通过对算法设计与应用进行伦理规约与监管，才能有效避免数据分析困境，确保分析结果的客观与公正。

（三）教育决策阶段的伦理评估

经过分析处理后的教育数据，随即进入教育决策阶段。这是控制数据后果的最关键环节。这里的教育决策是基于数据的教育决策，是决策者根据经济效果、教育效果以及伦理后果对备选数据及分析结果作出抉择的过程。确切地说，这是技术决策与教育决策的融合，具有"协商性"，即教育决策部门与数据治理机构通过合作而协商，共同解决教育问题并作出决策。决策者难免会优先考虑市场效益、技术可行性等因素，但可能忽略了伦理因素，从而影响了教育决策的科学性。因此，为确保教育决策的伦理性，需要对其进行系统评估。

教育决策的伦理性突出表现在以人为本、教育公正、教育利益至上等方面。通过对决策主体进行规范，指导其作出符合教育公平与正义、能够平衡多方利益冲突、明确责任主体的决策。技术决策一般由管理者（来自政府或者企业的利益相关者）、技术专家以及受技术决策影响的社会公众的共同参与。[①]教育决策也应如此，由教育管理者、教育专家和接受教育的社会公众共同参与，连同数据机构的管理者、数据专家、数据提供者以及其他相关人士，共同组成教育决策群体，承担决策任务和相应责任。

对教育决策进行评估，有助于保证决策的伦理性并促成满意方案的形成。一般来说，决策的伦理评估程序大致包括五个步骤——确定利益相关

---

① 参见高杨帆：《论技术决策及其伦理意义》，《伦理学研究》2012 年第 5 期。

者及其关系、运用伦理规范进行分析评价、确定决策方案的伦理水平、进一步评价可接受方案、进行总利益测试并确定满意方案。[1] 根据教育决策主体的不同分工，对教育决策的伦理评估可以按照以下四个阶段进行：一是设计备选方案阶段，以相关社会公众为主导，通过充分的意见征询和伦理引导，完成备选方案的设计；二是确定备选方案阶段，以数据伦理专家和教育伦理专家组成的伦理委员会为主导，通过效应预测和问题澄清，确定备选方案的伦理水平；三是选择可接受方案阶段，以数据专家和教育专家为主导，通过权衡利益关系和调节伦理冲突，修改并筛选出可接受的方案；四是确定满意方案阶段，以教育管理者为主导，通过明确各决策主体的责任归属，做出各利益相关方均满意的最优方案。总之，教育数据治理的决策者要善于运用伦理分析的思维来衡量决策的伦理价值，使所作决策建立在教育向善的基础上。至此，教育数据治理顺利进入教育问题解决阶段。

综上所述，维护公共教育利益并提供优质教育服务是教育数据治理的立足点及道德合理性体现，调和数据主义与教育人文的理念冲突是教育数据治理的伦理诉求。教育数据治理旨在统一制度伦理和德性伦理，找准教育数据治理的价值坐标，建立与大数据时代相适应的教育伦理原则，并将其纳入制度体系，潜移默化地提高治理共同体及其成员的德性水平。而数据收集阶段的伦理嵌入、数据分析阶段的伦理调适和教育决策阶段的伦理评估，有助于应对数据采集、算法应用和决策制定过程中的伦理风险，从而促进教育数据治理的伦理秩序的形成。

大数据时代，数据为本已经成为现代性教育的重要装置和主导、监控教育的新型权力，体现出对教育过程、教育质量、教育行为的全景化监控的教育景观。[2] 从治理的角度来看，当我们以物化的方式对人的品质素养、

---

[1]　参见许淑萍：《决策伦理学》，黑龙江人民出版社 2005 年版，第 207—212 页。

[2]　参见金生鈜：《大数据教育测评的规训隐忧——对教育工具化的哲学审视》，《教育研究》2019 年第 8 期。

生命价值和发展可能性进行数据化描述和分析时，是否在给人以尊重与承认？数据的符号化在多大程度上遮蔽了教育的价值与意义？教育数据化的合理性限度在哪里？对于这些隐忧的思考，是伦理学对教育数据治理的迫切召唤。从伦理学的视角对教育大数据应用中存在的技术风险进行系统总结和原因分析，不仅有助于丰富和发展教育大数据的理论体系，还有助于引导人们以辩证的方式看待教育大数据这一新事物，从而纠正教育领域对大数据技术的一元论认识误区。同时，这对于进一步形成和发展教育大数据规范体系、强化教育大数据应用的社会责任具有重要的推动作用。本书提供的研究思路与具体路径，旨在引导人们直面教育大数据伦理研究的现实，并启示学界寻找更多的发展方向。

第二节　人工智能教育应用的伦理审视

随着我国《新一代人工智能伦理规范》的发布，以及各行各业对人工智能伦理规范的建设热潮，如何发挥人工智能伦理规范的作用并将其迁移应用到教育领域，是当前人工智能教育应用伦理研究的重点。

一、人工智能教育应用及其伦理表征

人工智能教育应用是指人工智能技术在教育中的应用，属于现代教育技术应用的一种具体形态。关于"人工智能与教育"的研究，许多人对二者的技术理路和内在逻辑进行了梳理。与此同时，由于人工智能在教育领域的伦理风险不断凸显，越来越多的研究者开始追求"富有伦理的研究与实践"，突出表现在对"风险问题"的警醒、对"应对策略"的诉求以及对"理论指导"的追求等方面。

（一）人工智能教育应用伦理研究现状

近年来，关于人工智能教育应用的伦理研究呈现逐年升温的趋势。这些研究主要关注道德失范、强调伦理规约、防范教育异化等问题，呼吁人们应对人工智能带给教育的伦理风险。对伦理风险的多方位警觉，一方面凸显了人工智能教育应用需要紧急制定伦理规约，另一方面也暴露了相应伦理策略不足所引发的惶恐不安。不可否认，人工智能教育应用引发的伦理失序、道德失范等问题，违背了人工智能的应用初衷，需要从伦理策略上寻求应对方案。如何缩小伦理原则与具体伦理实践之间的差距、为行为者提供道德规范和行为界限，仍然是当前学界争论的焦点。

目前，关于人工智能教育应用伦理策略的研究存在两种思路：一种侧重制定人工智能应用的伦理规范，另一种关注教育对人工智能的同化或渗透作用。前者着重探讨伦理规范的重要性，而后者主要从教育自适应的角度寻找出路。无论是外在的伦理规范，还是内在的教育适应，这些伦理策略在一定程度上能够引导人们理性防范人工智能被嫁接运用而偏离教育目标的行为。对伦理策略的研究离不开基本理论的支撑。摒弃理论依据的做法容易形成一种依赖并迷恋人工智能支持系统、崇尚通过技术的不断完善来面对所有问题的"技术理性思维"。而这种思维倾向不仅不利于伦理难题的解决，甚至会带来更多"不道德"的行为方式。鉴于人工智能教育应用包含智能技术应用和教育目标达成两个维度，开展伦理理论研究时，一方面要关注伦理边界问题，探讨边界划定所依据的应用伦理基础，另一方面要回到一般伦理学理论中寻找伦理对策，比如从责任伦理角度提出防范策略等。总之，当前关于人工智能教育应用伦理研究的主要缺陷有：呼吁多于应对，研究思路单一，研究内容相似，对伦理规范的内容边界、描述方法等具体问题研究不深入，缺乏基本伦理学理论的支撑，导致伦理策略大都停留在共识性伦理原则层面，进一步的建设思路与基本路径尚未引起重视。实际上，当前人工智能教育应用伦理研究在经历了伦理风险的警示之后，正处于多种伦理原则相融合的伦理规范讨论阶段。人工智能伦理研究领域的相关成果，例如，基于规范伦理学的人工智能伦理规范讨论，[①] 由伦理使命、伦理准则和实施细则组成的人工智能伦理体系基础架构，[②] 由伦理风险确定基本伦理规范、根据基本规范确立具体应用伦理规范、在具体实践中实施伦理规范、评估和检验伦理规范的人工智能伦理规范的实践转化过程，[③] 对人工智能教育应用伦理规范建设具有重要的启示作用。无论如何，人工智能教育应用在本质上是技术理性与教育人文的共通与交融，需要伦理学理论的全面支持。只有深入探讨理论依据、内容边界、形成过程等基本问题，才能有效解决"指导"不聚焦、"界限"不明确、"照搬"不适应等难题，为系统的伦理规范建设提供理论依据和实践路径。

（二）人工智能教育应用的伦理内涵

被人们广泛谈论的人工智能教育应用，其本质究竟是什么？有人强调其技术应用特征；有人用"教育人工智能"称之，强调人工智能被赋予的教育功能；也有人借助"人工智能＋教育"的表达方式体现二者彼此独立又相互促进的存在状态；还有人以"教育智能化"与"智能化教育"的概念来区分过程与结果。可见，作为一个备受关注的信息化教育话题，人工智能教育应用的概念内涵和指向性尚未得到深入的分析和明确界定，这

---

① 参见孟伟、杨之林：《人工智能技术的伦理问题——一种基于现象学伦理学视角的审视》，《大连理工大学学报（社会科学版）》2018年第5期。

② 参见陈小平：《人工智能伦理建设的目标、任务与路径：六个议题及其依据》，《哲学研究》2020年第9期。

③ 参见薛桂波、赵建波：《从"应当"到"是"：人工智能伦理规范实践策略探析》，《自然辩证法研究》2023年第1期。

必然妨碍人们对其伦理内涵的认识。

理论上，人工智能与教育的关系应该沿着"彼此适应—相互尊重—和谐共生"的路径演进和发展。在这个过程中，人工智能与教育在形态和内容上都会发生一定的变化，二者的关系也容易受到观念冲突、秩序改变、规范失灵等现实问题的影响，因而需要进行伦理调和。作为教育实践活动，人工智能教育应用的过程一方面蕴含了与教育发展相关的价值诉求，触及了人与技术的关系，必然关涉伦理价值；另一方面，人工智能应用离不开道德信念的指引，应用过程及结果必定要受到既有伦理规范的约束。因此，无论是教育目标负荷的伦理价值，还是人工智能应用主体具有的道德观念，以及应用过程及结果受到的伦理约束，都属于人工智能教育应用的伦理表征。

其一，人工智能教育应用内蕴了良好的伦理秩序。人工智能在扮演学习、教学、管理、评估等工具角色的同时，展现了其"先进性"技术所代表的文明与进步。加上技术先天具有的渗透性，人工智能逐渐成为教育信息化的支柱力量，进一步证明了人工智能与教育之间具有稳固的伦理关系。因此，从根本上说，人工智能教育应用所内蕴的正当性与合理性是不言而喻的。换句话说，应用的结果并非创造一种新的教育或人工智能实体，而是带来一种良好的结合关系。这种良好关系构成了稳固的伦理秩序，不仅有助于人工智能的良性发展，也有利于实现教育目标。而伦理秩序是伦理关系的结构性存在，在通过一定方式固定为制度化安排后，能够表现为伦理规范要求。① 在智能化社会结构转型时期，人工智能与教育必然面临伦理关系更替所导致的伦理秩序紊乱等发展困境。幸运的是，经过《教育信息化 2.0 行动计划》等政策性安排，人工智能技术手段与教育

---

① 参见高兆明：《制度公正论：变革时期道德失范研究》，上海文艺出版社 2001 年版，第 39 页。

目的的融合关系已经通过《新一代人工智能伦理规范》等规范要求固定下来。

其二，人工智能教育应用需要外在的伦理规约来排忧解难。当人工智能技术在教育领域被广泛应用之后，必然会引发一定的风险。为了应对这一情况，需要建立相应的伦理规则和实施对策，对人工智能应用过程与结果进行规约。当前技术规约主要面临主体控制和成果控制两种困境，① 即对技术应用主体的道德性和技术应用效果的伦理性的忧虑。因此，对人工智能应用主体进行道德引导与约束，以及对人工智能应用后果进行道德评判和应对，是人工智能教育应用的主要伦理任务。这依赖于外在伦理规范的支撑与指导——既要对应用主体进行职业道德、个人品德、技术伦理等方面的道德教育关切，明确"人本原则"是所有各级伦理原则的"基点"和"统领"，② 又要从成果控制方面对技术应用进行约束，通过建立伦理评价标准和伦理审查机制，来确保应用目的、应用过程和应用结果的合教育性。

概言之，人工智能教育应用包含两种伦理属性：一是良好的伦理秩序，属于内在的价值特性，引导人们积极迎接教育的创新机遇；二是必要的伦理规约，体现了外在规范的约束性，启示人们警惕人工智能异化教育的可能性。这两种属性既召唤了积极伦理的调节作用，也凸显了消极伦理的限制特点。因此，人工智能教育应用的伦理内涵也体现在两个目标上：首先，要尽可能消除低层次、局限性认识所造成的伦理限制，即明确"教育应该利用人工智能做什么"；其次，要通过伦理规范尽可能避免人工智能技术的缺约束和不节制等非理性应用，即明确"教育不应该利用人工智能做什么"。总之，人工智能教育应用伦理就是调节人工智能教育应用活

---

① 参见夏冰：《技术创新与伦理秩序更替》，《中国科技论坛》2013 年第 3 期。

② 参见孙伟平、李扬：《论人工智能发展的伦理原则》，《哲学分析》2022 年第 1 期。

动中涉及教育与人工智能、人与人工智能之间关系的行为规范、伦理秩序和道德准则。作为促进教育发展的重要途径，人工智能教育应用伦理规范建设通过书面形式将教育与人工智能的关系表达为一套伦理制度，将人工智能伦理、教育伦理等内容融合归类，形成统一的价值认知和共同的道德标准。这个"规范化"过程不仅直接影响教育工作者对人工智能的价值定位，而且对提升人工智能和教育的道德境界起到重要作用。

二、人工智能教育应用的伦理规范

由于人工智能对传统伦理规范适用范围的扩展与延伸，已有的教育伦理规范内容与文本表达难以有效引导和约束具体的人工智能教育应用行为，因此人工智能教育应用伦理规范建设亟待开展。

（一）制定伦理规范的必要性及原则

人工智能教育应用伦理规范的建构主要由教育者、科研人员及相关利益方共同完成。这个过程是对人工智能教育应用的本质、目标及价值的严肃思考，有助于评估人工智能教育应用的伦理风险、明确教育优先原则、推动达成应用共识。人工智能教育应用伦理规范的核心议题是教育与人工智能、人与人工智能的关系应该如何，以及为何而用。这既表达了"教育为基""人为技术立法"的立场，也冲击了"教育不可变"的传统信念。根据现代教育技术应用伦理研究的理论依据，建立人工智能教育应用伦理规范需要遵循以下基本原则。

1. 教育主体性原则

人工智能是人造物，其应用于教育就必然要为教育服务，要始终服从于教育的主体性地位。具体而言，人工智能教育应用必须遵循以人为本的价值观，以珍视人的生命为首要前提，以服从人和不伤害人为基本原则，尊重"人之为人"的基本权利，促进人的全面发展。

2. 发展平衡性原则

对人工智能教育应用进行限制性监管和治理，应秉持"不伤害人"的底线原则。同时，要遵循"人依赖工具发展—人被工具异化—人对异化的扬弃"这一客观发展规律，注重人工智能发展的普适性问题，防止特权阶层、教育不公平、智能鸿沟等社会不公，在效益、责任、隐私之间找到平衡点，在追责中呈现透明性。①

3. 可持续性应用原则

人工智能教育应用必须对教育发展负责，对教与学的质量与效果负责，要正确处理风险与功效、眼前与长远的辩证关系，前瞻性地探索在强人工智能出现时与其和谐相处的伦理之道，以主导人工智能教育应用的可持续发展方向。

4. 过程科学性原则

按照伦理规范的过程，不仅要建立人工智能教育应用的专门伦理委员会，以识别人工智能教育应用中的伦理问题，并制定实施伦理规范的方案，还要加强人工智能伦理教育，重视为人工智能教育应用制定伦理立法，建立专门机构和监督机制来监管人工智能教育应用的伦理问题。

总之，人工智能伦理规范的制定需要与伦理分析和伦理策略相结合。相应伦理策略通过伦理规范表达出来之后，需要积极伦理和消极伦理的支持。如果说规范伦理学支持了伦理策略的评判与制定，那么，积极伦理学和消极伦理学则对规范内容的描述和表达给予支持。

一般地，按照思考伦理问题的立场，伦理学理论有消极伦理学和积极伦理学两种类型。② 有关消极伦理与积极伦理的区分，其目的并非为了

① 参见徐锐：《论我国人工智能的伦理规范建设》，《岭南学刊》2019 年第 1 期。
② 参见［英］B.威廉姆斯：《伦理学与哲学的限度》，陈嘉映译，商务印书馆 2017 年版，第 89—92 页。

说明哪一种伦理理论是好的，而是为了降低或避免道德行为选择的模糊性。[①] 伦理规范作为一种行为约束方式，具有消极与积极两个层面的内容，前者表现为应该允许享有不被打扰的自由和应该尊重不容强制的品格，后者表现为允许形成对美好生活的看法以及获得最大限度的发展空间。[②] 所以，两种伦理规范是相互支持、制约、补充的整体，它们共同组成人工智能教育应用的伦理规范体系，片面强调任何一方面都是不合理的。换言之，只有积极伦理和消极伦理共同作用，才能确认人工智能之于教育的"应为"与"禁行"边界，更好地指导伦理规范的施行。

（二）积极伦理与消极伦理的共同作用

积极伦理与消极伦理在基本形式、规则内容、行为特征、行为表现、价值目标等方面存在差异。具体而言，积极伦理规范强调能为、有所为，重在引导行为者"应该做什么"；消极伦理规范则强调不应为、有所不为，重在要求行为者"禁止做什么"。对人工智能教育应用而言，积极伦理规范的立场是调节和维持人工智能与教育的和谐关系，其基本特点是：准则的规定性是发散的，行为界限宽泛，道德选择的自主性强，需要行为主体耗费必要的时间或精力进行理性思考才能作出选择。而消极伦理规范的基本立场是道德禁令，它将人工智能教育应用的行为边界和价值定位描述清晰，为人们提供一条能够避免不良后果的直接路径，使行为者不需要花费过多精力即可知悉行动界限，伦理规范的操作性强。

然而，在教育语境下谈及如何应对人工智能伦理问题时，人们习惯性秉持审慎的态度，强调用教育的伦理要求来约束人工智能应用行为，表现

---

① 参见马越：《消极伦理及其当代形态》，《伦理学研究》2016 年第 2 期。

② 参见甘绍平：《伦理规范的价值依归》，《哲学动态》2018 年第 9 期。

出过多的控制忧虑。究其原因，一方面是人工智能技术发展迅猛，将其应用之后必然会对原有的教育观念造成影响，这令人不知所措。另一方面是基于教育的人性本质，人工智能带给教育的不确定性令人生畏。这些担忧都源于人们对人工智能抱有的低层次、局限性的控制心理，忽视了教育的同化能力，属于消极的伦理观。这种观念为人们预设了悲观的认知视角，引导人们不断追问人工智能对教育的危害，形成了各式各样的审查清单，容易背离融合创新的初衷。实际上，伦理讨论的根本目的并非告诉人们不该做什么，而是应该怎么做，朝向践行善的生活。① 亦即，应对伦理难题不仅需要消极伦理学给以审查、约束和限制的审慎支持，还需要积极伦理学提供信心、鼓励和希望进行指引。

那么，面对不同的伦理要求，人们该如何在积极和消极两种伦理规范中作出选择？换句话说，在具体伦理情境中，该用哪种方式来呈现伦理规范最合适？实际上，在追求伦理目标的过程中，有一些基本规则和基本界限是不能逾越的，一旦触犯，必将带来不可控制的严重后果。这些界限就是底线伦理，其通常采用消极伦理的方式呈现出来。例如《新一代人工智能伦理规范》第二十条指出："禁止违规恶用。禁止使用不符合法律法规、伦理道德和标准规范的人工智能产品与服务，禁止使用人工智能产品与服务从事不法活动，严禁危害国家安全、公共安全和生产安全，严禁损害社会公共利益等。"这里采用的就是消极伦理规范方式，即以最明确的表达，列出边界清晰、定位准确的禁行清单，命令人们必须遵守，从而强制人们远离人工智能的"恶"，最大程度地减少"恶"。也就是说，消极伦理规范适宜守护底线伦理。

人工智能教育应用的基本伦理使命是确保不触碰底线伦理以消除对教育的损害风险。而人工智能应用的伦理底线突出表现为技术误用、技术失

---

① 参见王小伟：《回归积极的技术伦理学》，《科学与社会》2017 年第 1 期。

控和应用失控三种风险。① 其中，技术误用风险是指由人工智能不当应用带来的诸如隐私泄露等难题。对此可以采用消极伦理规范，例如，"不得损害个人合法数据权益，不得非法收集利用个人信息，不得侵害个人隐私权"。技术失控风险和应用失控风险是由于人工智能技术及其应用无法受到有效控制而引发的人被技术奴役或取代、原有伦理规范分崩离析等严重伦理困境。尽管这些伦理风险在现阶段较为遥远，但它们关系到人类生存的安全底线，必须采用消极伦理规范严令禁止，如"不从事违背伦理道德的人工智能研发""不得经营、销售或提供不符合质量标准的产品与服务"等。在制定人工智能教育应用的消极伦理规范时，需要注意两个底线：不伤害教育主体，即人工智能对人不构成威胁，不侵犯人的基本权利；不制约教育发展，即教育不能受制于人工智能。

与消极伦理的制约不同，基于积极伦理的视角制定人工智能教育应用伦理规范，一方面要强调教育以积极、乐观的态度接纳人工智能，进而规定教育自身"能够做什么"以适应人工智能；另一方面注重更新原有伦理原则和规范体系，以协调人工智能与教育的关系，从而规定人工智能"应该做什么"以符合育人目标。可以说，除了底线伦理以外的规范内容，基本都可以采用积极伦理的规范形式，以开阔的视角给出"必须"或者"应当"的行为规则，引导人们积极追求人工智能的"善"并使"善"最大化，从而促进人工智能教育应用目标的实现。实际上，《新一代人工智能伦理规范》的出发点就是"增强全社会的人工智能伦理意识与行为自觉，积极引导负责任的人工智能研发与应用活动，促进人工智能健康发展"。它的 6 项基本伦理要求和 18 项具体伦理要求，有 90% 以上都是积极规范，足见其积极伦理的基调。

---

① 参见陈小平：《人工智能伦理体系：基础架构与关键问题》，《智能系统学报》2019 年第 4 期。

实际上，人工智能教育应用本身就蕴涵着积极的伦理含义。因此，积极伦理理应成为人工智能教育应用中伦理规范的重要表达方式。根据积极伦理的特点，伦理规范的制定要符合以下四个基本条件：首先，肯定人工智能教育应用的不可回避性，强调智能时代教育发展的必然性；其次，接受人工智能作为工具的身份，强调人工智能对教育的积极意义；再次，重视教育同化与浸润功能，强调人工智能为教育所用的基本原则；最后，关注人工智能与教育的和谐关系，强调二者共同促进和谐发展的责任担当和历史使命。当然，这并不是说消极伦理不重要，而是主张积极伦理为主、消极伦理为辅的综合型伦理规范方式更适合当前的人工智能教育应用。此外，在制定和描述基本伦理原则和具体实施细则等各层次规范时，只有综合考虑积极伦理与消极伦理的因素，才能清晰地表达所有道德要求和规范内容，从而明确教育领域人工智能"应该做什么"和"不应该做什么"的边界。

综上所述，关于人工智能教育应用的伦理研究，近年来其热度呈现爆发式增长。从概念表征到伦理内涵的梳理，有助于人们深刻认识人工智能与教育的关系。总结研究现状可以提醒人们注意到浅层重复的呼吁和千篇一律的对策无法有效应对实际的伦理难题。只有深入研究基本伦理理论，找到坚实的伦理支持，才能为系统的伦理策略提供可行的实践路径。例如，积极与消极的伦理理论与方法能够支持人工智能教育应用伦理规范的描述与呈现。这些伦理理论很好地支撑了人工智能教育应用的伦理路径，使人工智能教育应用的道德合理性得以印证，同时也调和了教育领域对人工智能所表现出来的乐观追捧和悲观忧虑之间的矛盾，促使人们从技术价值争论转向应用规范讨论，提升了教育的道德境界。只有当人们能够用社会倡导的道德标准来规范人工智能教育应用时，技术应用的目的、手段和结果的正当性才能得以维护。

简言之，建设人工智能教育应用的伦理规范不仅是为了约束人工智能的行为，更重要的是确保教育能够实现美好愿景并获得最大的发展空间。此外，人工智能教育应用的学科交叉性可以为伦理学提供关切"人"与"技术"的实践材料，成为应用伦理学发展的重要契机。当然，伦理学理论博大精深，还有许多值得探索的理论，例如，人工智能道德哲学、人工智能社会伦理等理论，能够对人工智能的善用等基础性问题作出回应；[①] 负责任创新理论、价值敏感设计理论、利益相关者理论等具体伦理理论，能够为伦理路径的设计、伦理监督的实施、伦理委员会的组建等具体实践提供理论支持。同时，描述伦理、责任伦理、权利伦理、机器伦理这四种伦理研究进路也能为人工智能教育应用的伦理研究提供重要的理论支持。[②]

总之，对人工智能教育应用进行伦理审视，不仅符合生成式人工智能教育应用伦理规范建设的需要，而且展示了教育领域人工智能发展的伦理指导意义。这有助于引导人工智能技术朝着有益于教育的方向发展，从而捍卫教育不被异化、不受强制的自由和意志。

---

① 参见李伦、孙保学：《给人工智能一颗"良芯（良心）"——人工智能伦理研究的四个维度》，《教学与研究》2018 年第 8 期。

② 参见成素梅等：《人工智能的哲学问题》，上海人民出版社 2020 年版，第 175—176 页。

结　语

在全面数字化转型的社会背景下，以及国家大力发展教育信息化的政策引领下，教育数字化转型、信息技术与教育的深度融合成为当前教育研究的热点之一。合乎伦理、追求实效，一直是教育信息化发展的重要议题。教育信息化离不开现代教育技术的应用，合乎伦理也是现代教育技术应用的现实追求。实际上，教育内蕴的伦理功能与技术发展的伦理诉求，共同决定了现代教育技术应用离不开伦理的引导与润泽。换言之，在现代信息技术不断赋能、使能、增能教育的现实之下，只有通过伦理审视，才能帮助人们辨别"禁为"与"应为"的边界，从而避免为谋求某种话语权而"直接嫁接运用"所导致的教育与技术融合不深入、教育技术发展受限制等局面的出现。问题是，技术与教育作为两个独立的系统，如何才能在伦理的助推下实现融合创新发展？本书尝试从理论分析的角度展开探寻，以期为教育技术伦理相关研究提供参考。

在研究内容方面，本书关注现代教育技术应用实践中的伦理问题，以教育哲学（包括教育伦理学）和技术哲学（包括技术伦理学）为主要理论依据进行系统的伦理思考，不仅拓宽了教育基本理论的研究范畴，而且在一定程度上弥补了我国教育技术研究的伦理缺位。这与已有研究从信息科学等视角进行的技术操作层面的研究具有本质不同。另外，本书对现代教育技术应用的伦理内涵、理论视角、应然规约、实然现状、原因分析、实践策略、现实观照等内容进行理论探讨，充分将"技术工具支持"与"教育人文关怀"相融合的理念一以贯之，体现了多学科领域交叉融合的研究特点。

在研究方法方面，本书旨在对现代技术带给教育的影响进行伦理分析，并提出伦理研究思路和理论依据，因此，理论思辨是本书的主要研究方法。在规范伦理学方法指导下，通过理论思辨，对现代教育技术应用的道德合理性、伦理价值进行系统阐释。同时，为了综合解决教育技术应用的跨学科问题，本书尝试将多种研究方法相结合。其中，采用内容分析法对有关伦理内涵、伦理思想、伦理规范、伦理保障等文献内容进行研读梳理、解释分析、归纳总结和提炼生成，透视了教育技术应用的伦理研究基础。同时，以教育伦理和技术伦理为理论轴心，面向教育技术应用的目标、过程和结果，建立伦理型分析框架和实践路径。在伦理策略探索中，尝试使用伦理决策模型、利益相关方模型、伦理共同体等理论方法。此外，本书注重比较研究，不仅对来自国内外多个数据库的文献资料进行统计和比较，从中获得重要的启示，还对多种伦理思想和理论观点进行纵向与横向、求同与求异等多维度的比较，以探讨现代教育技术应用的伦理内涵。

在学术观点方面，本书提出了以下四个主张。

第一，伦理审视是为观念创新和伦理规制寻找学理支撑。它不仅是一种伦理分析思路，也包含了伦理应对路径。对现代教育技术应用进行伦理审视，就是从伦理学角度提供合理性诠释和系统化方案。这不仅在学理上说明了伦理的正当性，而且在逻辑上提供了理论依据。如果缺乏伦理审视，就无法明确辨识技术应用带给教育的不确定性后果，也不能厘清教育场域中技术与人的伦理失序问题。而没有系统的伦理分析、策略设计、规范制定就无法支持现代教育技术的应用实践。

第二，在当今的技术伦理时代，任何技术问题都与伦理具有千丝万缕的联系。现代教育技术应用需要伦理的规约，如何规约是当前面临的重要课题。目前学界关于教育技术伦理的研究，交叉融合性不足，学科领域之间存在隔阂。不仅教育学与伦理学的学科之间存在沟通壁垒，教育技术学与教育学原理、课程与教学论等专业之间也因为对待技术的立场不同而表现出各异的研究特点。教育技术领域要意识到自身在专业发展中表现出的崇尚"应用驱动"、热衷"喜新厌旧"的特点，积极与传统教育学专业"从经验到艺术"的发展特点相融合，不断汲取伦理学、文化学等理论资源，取长补短，做到"勇于技术创新"和"不忘教育初心"。

第三，好的伦理理论能够对多样化的群体作出具有说服力和有逻辑的论证。教育伦理思想巩固了现代教育技术传授知识和培养德性的价值诉求，同时也强化了现代教育技术协调师生关系和提高教学质量的伦理使命。中国传统技术伦理思想为我们提供了以道驭术、以人为本、经世致用的启示。马克思技术伦理思想指引人们解答现代教育技术的休谟难题、技术异化困境、伦理价值观等问题。责任伦理理论有助于确认现代教育技术应用的责任主体、责任客体和责任实现路径。这些伦理理论值得在教育技术领域深入挖掘。

第四，技术时代的教育研究应理性看待"技术工具支持"与"教育人文关怀"的双重取向。对于技术应用所引发的教育伦理问题，我们既要诉求于"技术的不断人性化"，也要提升教育的责任担当。我们要拒绝"技术必然带来教育的进步／倒退"等绝对观点，积极关注大数据、人工智能等新技术在教育中的应用，以乐观的态度为这些技术寻求适合的伦理规约，超越单纯的技术批判，从而处理好技术应用与教育发展之间的关系。

本书积极回应了数字化转型过程中现代教育技术应用伦理规范缺失问题，主要创新点有以下三个方面。

第一，在制度和德性两个伦理向度，以及对伦理应然和伦理实然的探寻中，对当前现代教育技术应用遭遇的体制机制不健全、应用主体数字素养低下、技术伦理问题频发等现实挑战作出回应，体现了鲜明的时代特性和实践属性。

第二，通过对技术批判理论的借鉴，在揭露现代教育技术应用隐含的"技术盲崇"心理的同时，全面审视现代教育技术应用的伦理问题，并给出伦理对策，体现了研究内容的独特性。

第三，较早提出并论证了教育技术伦理的跨学科解释力及其伦理价值、伦理向度和伦理路径，迎合了现代教育技术应用的伦理规约，昭示了教育领域技术应用与发展的伦理方向，有助于推动教育学、伦理学、数据科学等学科领域的交叉融合发展。

主要参考文献

一、中文著作

1. 曹建军等:《数据质量导论》,国防工业出版社 2017 年版。

2. 陈昌曙:《技术哲学引论》,科学出版社 1999 年版。

3. 陈泽环编著:《道德结构与伦理学:当代实践哲学的思考》,上海人民出版社 2009 年版。

4. 成素梅等:《人工智能的哲学问题》,上海人民出版社 2020 年版。

5. 段治乾:《教育制度伦理研究》,河南人民出版社 2005 年版。

6. 樊浩等:《教育伦理》,南京大学出版社 2000 年版。

7. 冯继宣主编:《计算机伦理学》,清华大学出版社 2011 年版。

8. 甘绍平等主编:《应用伦理学教程》,企业管理出版社 2017 年版。

9. 甘绍平:《应用伦理学前沿问题研究》,贵州大学出版社 2019 年版。

10. 高德胜:《道德教育的时代遭遇》,教育科学出版社 2008 年版。

11. 高兆明:《伦理学理论与方法》,人民出版社 2005 年版。

12. 郭广银主编:《伦理学原理》,南京大学出版社 1995 年版。

13. 何颖:《非理性及其价值研究》,中国社会科学出版社 2003 年版。

14. 胡斌武:《教学伦理探究》,四川教育出版社 2005 年版。

15. 黄济:《教育哲学通论》,山西教育出版社 2001 年版。

16. 康永久:《教育制度的生成与变革:新制度教育学论纲》,教育科学出版社 2003 年版。

17. 李三虎:《十字路口的道德抉择:马克思的技术伦理思想研究》,广州出版社 2006 年版。

18. 李廷宪:《教育伦理学的体系与案例》,安徽师范大学出版社 2010 年版。

19. 李志刚主编:《大数据:大价值、大机遇、大变革》,电子工业出版社 2012 年版。

20. 梁漱溟:《东西文化及其哲学》,商务印书馆 2005 年版。

21. 廖申白:《伦理学概论》,北京师范大学出版社 2009 年版。

22. 刘大椿:《科学技术哲学导论》,中国人民大学出版社 2002 年版。

23. 刘大椿等:《在真与善之间——科技时代的伦理问题与道德抉择》,中国社会科学出版社 2000 年版。

24. 刘文海:《技术的政治价值》,人民出版社 1996 年版。

25. 鲁洁:《超越与创新》,人民教育出版社 2001 年版。

26. 鲁洁:《道德教育的当代论域》,人民教育出版社 2005 年版。

27. 卢乃桂:《教育弘道——卢乃桂教育文选》(下),南京师范大学出版社 2019 年版。

28. 陆有铨:《躁动的百年——20 世纪的教育历程》,山东教育出版社 2001 年版。

29. 南国农等主编:《电化教育学》,高等教育出版社 1998 年版。

30. 倪愫襄编著:《伦理学简论》,武汉大学出版社 2018 年版。

31. 庞丹:《杜威技术哲学思想研究》,东北大学出版社 2006 年版。

32. 戚万学等:《道德教育的文化使命》,教育科学出版社 2010 年版。

33. 乔瑞金:《马克思技术哲学纲要》,人民出版社 2002 年版。

34. 施修华等主编:《教育伦理学》,上海科学普及出版社 1989 年版。

35. 石中英:《教育哲学导论》,北京师范大学出版社 2002 年版。

36. 孙彩平:《道德教育的伦理谱系》,人民出版社 2005 年版。

37. 孙彩平:《教育的伦理精神》,山西教育出版社 2004 年版。

38. 孙正聿:《哲学通论》,复旦大学出版社 2005 年版。

39. 王本陆:《教育崇善论》,广东教育出版社 2001 年版。

40. 王桂山:《技术理性的认识论研究》,东北大学出版社 2006 年版。

41. 王海明:《新伦理学》,商务印书馆 2008 年版。

42. 王敬华主编:《新编伦理学简明教程》,东南大学出版社 2012 年版。

43. 王前主编:《技术伦理通论》,中国人民大学出版社 2011 年版。

44. 王正平主编:《教育伦理学》,上海人民出版社 1988 年版。

45. 吴国盛:《技术哲学讲演录》,中国人民大学出版社 2009 年版。

46. 吴太胜等主编:《技术伦理导论》,现代教育出版社 2011 年版。

47. 武经纬等:《经济人·道德人·全面发展的社会人——市场经济的体制创新与伦理困惑》,人民出版社 2002 年版。

48. 夏保华等:《哲学学术规范与方法论研究》,东南大学出版社 2016 年版。

49. 肖峰:《信息主义及其哲学探析》,中国社会科学出版社 2011 年版。

50. 肖峰:《哲学视野中的技术》,人民出版社 2007 年版。

51. 肖祥:《马克思主义政治伦理思想与当代伦理道德问题研究》,暨南大学出版社

2017 年版。

52. 熊川武等主编:《教育研究的新视域》,辽海出版社 2003 年版。

53. 徐云峰主编:《网络伦理》,武汉大学出版社 2007 年版。

54. 许良:《技术哲学》,复旦大学出版社 2004 年版。

55. 许淑萍:《决策伦理学》,黑龙江人民出版社 2005 年版。

56. 叶澜:《教育概论》,人民教育出版社 1991 年版。

57. 叶澜:《新基础教育论——关于当代中国学校变革的探究与认识》,教育科学出版社 2006 年版。

58. 于永昌:《教育伦理》,沈阳出版社 2008 年版。

59. 余仕麟:《伦理学要义》,巴蜀书社 2010 年版。

60. 张传有:《伦理学引论》,人民出版社 2006 年版。

61. 张绍华等编:《大数据治理与服务》,上海科学技术出版社 2016 年版。

62. 赵克平:《社会转型期教育伦理探索》,人民出版社 2012 年版。

63. 赵永刚:《美德伦理学:作为一种道德类型的独立性》,湖南师范大学出版社 2011 年版。

二、译著

1.《马克思恩格斯全集》(第二十三卷),中共中央马克思恩格斯列宁斯大林著作编译局译,人民出版社 1972 年版。

2. [美]斯坦利·巴兰等:《大众传播理论:基础、争鸣与未来》(第 3 版),曹书乐译,清华大学出版社 2004 年版。

3. [美]尼尔·波兹曼:《技术垄断:文化向技术投降》,何道宽译,北京大学出版社 2007 年版。

4. [美]尼尔·波兹曼:《娱乐至死·童年的消逝》,章艳等译,广西师范大学出版社 2009 年版。

5. [美]科德·戴维斯等:《大数据伦理:平衡风险与创新》,赵亮等译,东北大学出版社 2016 年版。

6. [美]雅克·蒂洛等:《伦理学与生活》,程立显等译,四川人民出版社 2020 年版。

7. [美]杜威:《杜威五大演讲》,胡适口译,安徽教育出版社 1998 年版。

8. [美]杜威:《哲学的改造》,许崇清译,商务印书馆 2002 年版。

9. [美]杜威:《确定性的追求》,傅统先译,上海人民出版社 2004 年版。

10. [美]杜威:《自然与经验》,傅统先译,江苏教育出版社 2005 年版。

11. [美]安德鲁·芬伯格:《技术批判理论》,韩连庆等译,北京大学出版社 2005

年版。

12.［德］尤尔根·哈贝马斯:《作为"意识形态"的技术与科学》,李黎等译,学林出版社2002年版。

13.［荷］西斯·J.哈姆林克:《赛博空间伦理学》,李世新译,首都师范大学出版社2010年版。

14.［德］马丁·海德格尔:《林中路》,孙周兴译,商务印书馆2020年版。

15.［德］马丁·海德格尔:《物的追问:康德关于先验原理的学说》,赵卫国译,上海译文出版社2010年版。

16.［以］尤瓦尔·赫拉利:《未来简史》,林俊宏译,中信出版社2017年版。

17.［荷］尤瑞恩·范登·霍文等:《信息技术与道德哲学》,赵迎欢等译,科学出版社2014年版。

18.［美］迈克尔·J.奎因:《互联网伦理:信息时代的道德重构》,王益民译,电子工业出版社2016年版。

19.［美］迈克尔·J.奎因:《信息时代的伦理学》,熊璋等译,上海科技教育出版社2022年版。

20.［美］帕特里克·林等:《机器人伦理学》,人民邮电出版社2021年版。

21.［美］约翰·罗尔斯:《道德哲学史讲义》,张国清译,上海三联书店2003年版。

22.［美］马尔库塞:《单向度的人——发达工业社会意识形态研究》,刘继译,上海译文出版社1989年版。

23.［美］麦金太尔:《德性之后》,龚群等译,中国社会科学出版社1995年版。

24.［加］马歇尔·麦克卢汉:《理解媒介——论人的延伸》,何道宽译,商务印书馆2007年版。

25.［美］理查德·迈耶:《多媒体学习》,牛勇等译,商务印书馆2006年版。

26.［美］卡尔·米切姆:《技术哲学概论》,殷登祥等译,天津科学技术出版社1999年版。

27.［美］尼葛洛庞帝:《数字化生存》,胡泳等译,海南出版社1997年版。

28.［德］莫里茨·石里克:《伦理学问题》,孙美堂译,华夏出版社2001年版。

29.［美］理查德·斯皮内洛:《世纪道德:信息技术的伦理方面》,刘钢译,中央编译出版社1999年版。

30.［美］理查德·斯皮内洛:《铁笼,还是乌托邦:网络空间的道德与法律》,李伦译,北京大学出版社2007年版。

31.［英］B.威廉姆斯:《伦理学与哲学的限度》,陈嘉映译,商务印书馆2017年版。

32.［德］马克斯·韦伯:《社会科学方法论》,韩水法等译,中央编译出版社1998年版。

33. ［德］马克斯·韦伯:《伦理之业:马克斯·韦伯的两篇哲学演讲》,王容芬译,广西师范大学出版社 2008 年版。

34. ［美］拉里·希克曼:《杜威的实用主义技术》,韩连庆译,北京大学出版社 2010 年版。

三、期刊论文等

1. 曹观法:《杜威的生产性实用主义技术哲学》,《北京理工大学学报(社会科学版)》2002 年第 5 期。

2. 陈小平:《人工智能伦理建设的目标、任务与路径:六个议题及其依据》,《哲学研究》2020 年第 9 期。

3. 陈小平:《人工智能伦理体系:基础架构与关键问题》,《智能系统学报》2019 年第 4 期。

4. 陈越骅:《伦理共同体何以可能——试论其理论维度上的演变及现代困境》,《道德与文明》2012 年第 1 期。

5. 程亮、翟金铭:《面向伦理决策的师德教育:为何与何为》,《教育发展研究》2021 年第 24 期。

6. 褚宏启:《教育治理:以共治求善治》,《教育研究》2014 年第 10 期。

7. 都芃:《如何将孩子从"小屏幕"拉回"大世界"》,《科技日报》2023 年 7 月 20 日。

8. 傅海伦:《儒学与古代数学教育的发展》,《自然辩证法通讯》2001 年第 2 期。

9. 甘绍平:《应用伦理学在中国的兴起》,《学习与实践》2006 年第 10 期。

10. 甘绍平:《伦理规范的价值依归》,《哲学动态》2018 年第 9 期。

11. 高杨帆:《论技术决策及其伦理意义》,《伦理学研究》2012 年第 5 期。

12. 耿阳、洪晓楠、张学昕:《技术之本质问题的探究:比较海德格尔与杜威技术哲学思想》,《自然辩证法研究》2011 年第 10 期。

13. 何恩贵:《远程虚拟社区管理存在的问题及解决对策》,《电化教育研究》2009 年第 9 期。

14. 贺来:《现代人的价值处境与"责任伦理"的自觉》,《江海学刊》2004 年第 4 期。

15. ［德］C. 胡比希:《技术伦理需要机制化》,王国豫译,《世界哲学》2005 年第 4 期。

16. 黄少华、魏淑娟:《论网络交往伦理》,《科学技术与辩证法》2003 年第 2 期。

17. 江畅:《应用伦理学研究的深层关注及其旨趣》,《光明日报》2005 年 1 月 4 日。

18. 蒋兴梅:《教学:走出"工具主义"泥淖》,《中国教师报》2011 年 8 月 31 日。

19. 金生鈜:《大数据教育测评的规训隐忧——对教育工具化的哲学审视》,《教育研究》2019 年第 8 期。

20. 雷朝滋：《教育信息化：从 1.0 走向 2.0——新时代我国教育信息化发展的走向与思路》，《华东师范大学学报（教育科学版）》2018 年第 1 期。

21. 李长伟：《师生关系的古今之变》，《教育研究》2012 年第 8 期。

22. 李桂花：《论马克思恩格斯的科技异化思想》，《科学技术与辩证法》2005 年第 6 期。

23. 李兰芬、王国银：《德性伦理：人类的自我关怀》，《哲学动态》2005 年第 12 期。

24. 李伦、孙保学：《给人工智能一颗"良芯（良心）"——人工智能伦理研究的四个维度》，《教学与研究》2018 年第 8 期。

25. 李芒：《对教育技术"工具理性"的批判》，《教育研究》2008 年第 5 期。

26. 李芒：《论信息技术的教学价值》，《电化教育研究》2007 年第 8 期。

27. 李三虎：《技术伦理的休谟难题解——走近马克思的技术伦理思想》，《探求》2005 年第 1 期。

28. 李三虎：《马克思的技术伦理思想及其地位》，《哲学研究》2005 年第 2 期。

29. 李文潮：《技术伦理与形而上学——试论尤纳斯〈责任原理〉》，《自然辩证法研究》2003 年第 2 期。

30. 李燕玲：《泛娱乐化时代我们如何教学？》，《中小学管理》2010 年第 9 期。

31. 李艺：《教育技术学与现代教育》，《教育研究》1999 年第 11 期。

32. 李艺、安涛：《谈教育技术研究中文化传承、理论溯源和学派精神的缺失》，《电化教育研究》2012 年第 4 期。

33. 李泽厚：《秦汉思想简议》，《中国社会科学》1984 年第 2 期。

34. 梁林梅、郑旭东：《对教育技术专业人员职业道德规范建设的思考——美国 AECT 的工作及启示》，《开放教育研究》2007 年第 8 期。

35. 刘同舫：《技术与政治的双向互动》，《学术论坛》2005 年第 8 期。

36. 卢彪：《走出政治的技术理性化误区》，《科技咨询导报》2007 年第 13 期。

37. 鲁洁：《道德教育：一种超越》，《中国教育学刊》1994 年第 6 期。

38. 卢乃桂、王丽佳：《西方教学伦理研究的路向与问题》，《全球教育展望》2011 年第 8 期。

39. 罗三桂：《现代教学理念下的教学方法改革》，《中国高等教育》2009 年第 6 期。

40. 吕耀怀：《构建数字化生存的伦理空间》，《光明日报》2000 年 8 月 1 日。

41. 庞丹、陈凡：《杜威实用主义技术观述评》，《东北大学学报（社会科学版）》2003 年第 9 期。

42. 马越：《消极伦理及其当代形态》，《伦理学研究》2016 年第 2 期。

43. 毛牧然、陈凡：《论马克思的技术异化观及其现实意义》，《科学技术哲学研究》2013 年第 1 期。

44. 孟伟、杨之林：《人工智能技术的伦理问题——一种基于现象学伦理学视角的审视》，《大连理工大学学报（社会科学版）》2018 年第 5 期。

45. 戚万学、谢娟：《教育大数据的伦理诉求及其实现》，《教育研究》2019 年第 7 期。

46. 钱广荣：《维护和优化伦理精神共同体》，《光明日报》2015 年 8 月 12 日。

47. 若尘：《大学课堂不是娱乐至死的脱口秀场》，《中国青年报》2010 年 2 月 9 日。

48. 沙勇忠、王怀诗：《信息伦理论纲》，《情报科学》1998 年第 6 期。

49. 盛国荣：《杜威实用主义技术哲学思想之要义》，《哈尔滨工业大学学报（社会科学版）》2009 年第 3 期。

50. 苏明、陈·巴特尔：《人工智能教育伦理的多维审视——基于马克思技术批判和人的全面发展理论》，《西南民族大学学报（人文社科版）》2019 年第 11 期。

51. 孙伟平、李扬：《论人工智能发展的伦理原则》，《哲学分析》2022 年第 1 期。

52. 谭胜兰：《思想政治教育视阈下网络信息娱乐化价值初探》，《理论观察》2007 年第 2 期。

53. 田光远：《杜威哲学解读技术文化时代》，《社会科学报》2004 年 11 月 18 日。

54. 王本陆：《关于发展现代教学技术的几个认识问题》，《课程·教材·教法》2011 年第 4 期。

55. 王飞：《萨克塞技术伦理思想及其启示》，《科学技术与辩证法》2008 年第 5 期。

56. 王国豫：《德国技术哲学的伦理转向》，《哲学研究》2005 年第 5 期。

57. 王海明：《论道德共同体》，《中国人民大学学报》2006 年第 2 期。

58. 王宏斌：《关于"经世致用"思潮的几点质疑》，《史学月刊》2005 年第 7 期。

59. 王鹏、王为正：《泛娱乐化语境下课堂教学应何"去"何"存"》，《教育评论》2017 年第 1 期。

60. 王仕杰：《"伦理"与"道德"辨析》，《伦理学研究》2007 年第 11 期。

61. 王小伟：《回归积极的技术伦理学》，《科学与社会》2017 年第 1 期。

62. 韦妙、何再洋：《本体、认识与价值：智能教育的技术伦理风险隐忧与治理进路》，《现代远距离教育》2022 年第 1 期。

63. 吴安春：《从"知识本位"到"德性本位"——教师创造教育观的整体性与根本性转型》，《教育研究》2003 年第 11 期。

64. 吴红梅、刘洪：《西方伦理决策研究述评》，《外国经济与管理》2006 年第 12 期。

65. 吴俊杰、张新明：《技术异化理论对多媒体教学的几点启示》，《中小学电教》2011 年第 12 期。

66. 吴康宁：《信息技术"进入"教学的四种类型》，《课程·教材·教法》2012 年第 2 期。

67. 吴太胜：《技术伦理的理论诠释与工科院校德育的实践创新》，《理工高教研究》

2005 年第 5 期。

68. 夏保华:《杜威关于技术的思想》,《自然辩证法研究》2009 年第 5 期。

69. 夏冰:《技术创新与伦理秩序更替》,《中国科技论坛》2013 年第 3 期。

70. 谢惠媛、常舒铭:《高校科技伦理教育的三重原则》,《光明日报》2023 年 1 月 3 日。

71. 谢娟:《当前教育中技术垄断的原因及对策——从技术伦理学的视角》,《现代教育技术》2011 年第 6 期。

72. 谢娟:《在哲学与政治之间:教育的技术走向》,《教育导刊》2011 年第 12 期。

73. 谢娟:《杜威的技术哲学思想及其对教育技术研究的启示》,《现代远距离教育》2012 年第 5 期。

74. 谢娟:《教育虚拟社区交往之伦理审视》,《中国电化教育》2012 年第 7 期。

75. 谢娟:《现代教育技术应用的伦理审视:必要性及研究逻辑》,《电化教育研究》2012 年第 10 期。

76. 谢娟:《教育大数据哲学研究的现状与基本思路》,《现代远程教育研究》2019 年第 3 期。

77. 谢娟:《教育数据治理的伦理框架:价值、向度与路径》,《现代远程教育研究》2020 年第 5 期。

78. 谢娟:《如何识别与判定人工智能教育应用伦理问题——基于伦理策略形成的视角》,《电化教育研究》2023 年第 1 期。

79. 谢娟:《人工智能与教育融合创新之伦理内涵及实现路径》,《中国远程教育》2023 年第 2 期。

80. 谢娟、刘成新、张婷:《我国教育技术研究之伦理缺位与分析》,《开放教育研究》2014 年第 2 期。

81. 谢娟、马煜、程凤农:《教育技术伦理研究:理论视角与内容边界》,《电化教育研究》2014 年第 4 期。

82. 谢娟、张跃刚:《中国教育技术十年研究与前瞻——对 209 篇博士学位论文的统计与分析》,《现代教育技术》2011 年第 1 期。

83. 徐锐:《论我国人工智能的伦理规范建设》,《岭南学刊》2019 年第 1 期。

84. 徐圣龙:《"公共的"与"存在于公共空间的"——大数据的伦理进路》,《哲学动态》2019 年第 8 期。

85. 薛桂波、赵建波:《从"应当"到"是":人工智能伦理规范实践策略探析》,《自然辩证法研究》2023 年第 1 期。

86. 颜青山:《"伦理转向"还是"技术转向"》,《哲学动态》2002 年第 10 期。

87. 颜士刚、谢娟:《关于"现代课堂教学的技术依赖问题"的对话》,《现代教育技术》2013 年第 1 期。

88. 杨清荣:《略论制度伦理与德性伦理的关系》,《道德与文明》2001 年第 6 期。

89. 杨小微、金家成、杨帆:《教育现代化:理论与技术的对话——教育学原理与教育技术学两大阵营的对话》,《开放教育研究》2006 年第 5 期。

90. 杨晓奇:《教学"泛娱乐化":隐忧与化解》,《教育学报》2020 年第 2 期。

91. 姚大志:《当代功利主义哲学》,《世界哲学》2012 年第 2 期。

92. 叶澜:《让课堂焕发出生命的活力——论中小学教学改革的深化》,《教育研究》1997 年第 9 期。

93. 于伟:《论技术理性时代"完善的人"的消解及其对教育的负面影响》,《东北师大学报(哲学社会科学版)》2003 年第 3 期。

94. 张慧敏、陈凡:《从自主的技术到技术的政治——L. 温纳(Langdon Winner)的技术哲学思想及启示》,《自然辩证法研究》2004 年第 8 期。

95. 张家年、李怀龙、李晓岩:《伦理学视野中的网络教育伦理初探》,《开放教育研究》2011 年第 4 期。

96. 张立新、张丽霞:《论具有中国特色的教育技术理论与实践》,《中国电化教育》1999 年第 2 期。

97. 张务农:《现代教育技术工具与生活世界的关联及其伦理旨趣——基于芬伯格工具化理论的视角》,《现代远程教育研究》2019 年第 2 期。

98. 张志旻、赵世奎、任之光等:《共同体的界定、内涵及其生成——共同体研究综述》,《科学学与科学技术管理》2010 年第 10 期。

99. 赵国栋:《现代教学技术应用与大学教学过程现代化》,《高等教育研究》2000 年第 2 期。

100. 赵丽、琅滨:《评杜威的实用主义科学观》,《科学技术与辩证法》2008 年第 4 期。

101. 郑忠梅:《教育技术理性的伦理意蕴——基于 Web 2.0 的网络教育文化视角的分析》,《中国电化教育》2011 年第 3 期。

102. 朱勤、莫莉、王前:《米切姆关于科技人员责任伦理的观点述评》,《自然辩证法研究》2007 年第 7 期。

103. 曾铁:《课堂教学当以人为本、以技术为用》,《中国教育报》2012 年 2 月 7 日。

四、学位论文

1. 陈多闻:《技术使用的哲学探究》,博士学位论文,东北大学马克思主义学院,2009 年。

2. 陈万球:《中国传统科技伦理思想研究》,博士学位论文,湖南师范大学公共管理学院,2008 年。

3. 陈垠亭:《教育现代化进程中学校道德教育体系问题研究》,博士学位论文,郑州大学马克思主义学院,2014年。

4. 皇甫林晓:《教师信息伦理素养研究》,博士学位论文,华东师范大学教育学部,2021年。

5. 黄静婧:《网络交往视域中大学生思想政治教育研究》,博士学位论文,广西师范大学马克思主义学院,2017年。

6. 贾璐萌:《技术伦理实现的内在路径研究》,博士学位论文,东北大学马克思主义学院,2018年。

7. 凌鹏飞:《伦理视域下的教学决策研究》,博士学位论文,华中师范大学教育学院,2017年。

8. 芦文龙:《技术主体的伦理行为:规范、失范及其应对》,博士学位论文,大连理工大学人文与社会科学学部,2014年。

9. 田维琳:《大数据伦理意识及其培育研究》,博士学位论文,北京科技大学马克思主义学院,2020年。

10. 伍正翔:《超越与批判——信息技术在基础教育中的价值重构》,博士学位论文,东北师范大学教育科学学院,2009年。

11. 谢娟:《现代教育技术应用的伦理审视》,博士学位论文,山东师范大学教育学院,2013年。

12. 徐延民:《人工智能技术的多维审视》,博士学位论文,上海财经大学人文学院,2021年。

13. 杨礼富:《网络社会的伦理问题探究》,博士学位论文,苏州大学政治与公共管理学院,2006年。

14. 张立新:《美国教育技术发展史研究》,博士学位论文,河北大学教育学院,2002年。

15. 张瑞敏:《大数据背景下高校思想政治教育创新研究》,博士学位论文,华东师范大学马克思主义学院,2020年。

16. 朱文辉:《教学伦理性的后现代重建》,博士学位论文,西南大学教育学部,2014年。

五、网络资源

1.《教育部关于印发〈基础教育课程改革纲要（试行）〉的通知》,2001年6月8日,见 http://www.moe.gov.cn/srcsite/A26/jcj_kcjcgh/200106/t20010608_167343.html。

2.《教育部关于印发〈中小学教师教育技术能力标准（试行）〉的通知》,2004年12月15日,见 http://www.moe.gov.cn/srcsite/A10/s6991/200412/t20041215_145623.html。

3.《国家中长期教育改革和发展规划纲要（2010—2020年）》，2010年7月29日，见 http://www.moe.gov.cn/srcsite/A01/s7048/201007/t20100729_171904.html。

4.《教育部关于印发〈教育信息化十年发展规划（2011—2020年）〉的通知》，2012年3月13日，见 http://www.moe.gov.cn/srcsite/A16/s3342/201203/t20120313_133322.html。

5.《教育部关于印发〈国家教育事业发展第十二个五年规划〉的通知》，2012年6月14日，见 http://www.moe.gov.cn/srcsite/A03/moe_1892/moe_630/201206/t20120614_139702.html。

6.《教育部办公厅关于印发〈中小学教师信息技术应用能力标准（试行）〉的通知》，2014年5月28日，见 http://www.moe.gov.cn/srcsite/A10/s6991/201405/t20140528_170123.html。

7.《教育部关于印发〈教育信息化2.0行动计划〉的通知》，2018年4月18日，见 http://www.moe.gov.cn/srcsite/A16/s3342/201804/t20180425_334188.html。

8.《教育部关于发布〈中小学数字校园建设规范（试行）〉的通知》，2018年5月2日，见 http://www.moe.gov.cn/srcsite/A16/s3342/201805/t20180502_334759.html。

9.《中共中央、国务院印发〈中国教育现代化2035〉》，2019年2月23日，见 http://www.moe.gov.cn/jyb_xwfb/s6052/moe_838/201902/t20190223_370857.html。

10. 教育部《高等学校课程思政建设指导纲要》，2020年6月1日，见 http://www.moe.gov.cn/srcsite/A08/s7056/202006/t20200603_462437.html。

11. 中央网络安全和信息化委员会：《提升全民数字素养与技能行动纲要》，2021年11月5日，见 http://www.cac.gov.cn/2021-11/05/c_1637708867754305.htm。

12.《中央网信办等四部门印发〈2022年提升全民数字素养与技能工作要点〉》，2022年3月2日，见 http://www.cac.gov.cn/2022-03/02/c_1647826931080748.htm。

13. 中共中央办公厅、国务院办公厅：《关于加强科技伦理治理的意见》，2022年3月20日，见 http://www.gov.cn/zhengce/2022-03/20/content_5680105.htm。

14.《教育部关于发布〈教师数字素养〉教育行业标准的通知》，2022年12月2日，见 http://www.moe.gov.cn/srcsite/A16/s3342/202302/t20230214_1044634.html。

15.《国家互联网信息办公室发布〈数字中国发展报告（2022年）〉》，2023年5月23日，见 http://www.cac.gov.cn/2023-05/22/c_1686402318492248.htm。

16.《教育部办公厅关于印发〈基础教育课程教学改革深化行动方案〉的通知》，2023年5月26日，见 http://www.moe.gov.cn/srcsite/A26/jcj_kcjcgh/202306/t20230601_1062380.html。

六、英文文献

1.Anderson,J., "The Rite of Right or the Right of Rite: Moving toward an Ethics of

Technological Empowerment", *Educational Technology*, Vol.34, No.2（Feb 1994）.

2.Castro, M. & Sancristobal,E., "From Technology Enhanced Learning to Ethics and Critical Thinking as part of the Engineering Education: Skill Driven with Humanities Comprehension Editorial", *International Journal of Engineering Pedagogy*, Vol.10, No.1（Jan 2020）.

3.Gardelli, V., Alerby, E. & Persson, A., "Why Philosophical Ethics in School: Implications for Education in Technology and in General", *Ethics & Education*, Vol.9, No.1（Jan 2014）.

4.Lin, H.,"The Ethics of Instructional Technology: Issues and Coping Strategies Experienced by Professional Technologists in Design and Training Situations in Higher Education", *Educational Technology Research & Development*, Vol.55, No.5（Oct 2007）.

5.Martin, D.A., Conlon, E., & Bowe,B., "A Multi-level Review of Engineering Ethics Education: Towards a Socio-technical Orientation of Engineering Education for Ethics", *Science and Engineering Ethics*, Vol.27, No.5（Oct 2021）.

6.Pascual, P. C., "Educational Technoethics: As a Means to an End", *Aace Journal*, Vol.13, No.1（Jan 2005）.

7.Sayadmansour, A. & Nassaji, M., "Educational Technology Along with the Uncritical Mass Versus Ethics", *British Journal of Educational Studies*, Vol.61, No.3（Mar 2013）.

8.Sivin, J. & Bialo, E., *Ethical Use of Information Technologies in Education: Important Issues for America's Schools*. Washington, D.C.: National Institute of Justice, 1992.

9.Yeaman, A.R.J., "Critical Theory, Cultural Analysis, and the Ethics of Educational Technology as Social Responsibility", *Educational Technology*, Vol.34, No.2（Feb 1994）.

10.Yeaman, A.R.J., "On the Responsible Use of Communication Media for Learning", *TechTrends: Linking Research and Practice to Improve Learning*, Vol.53, No.6（Nov 2009）.

后　记

　　本书的成形与笔者自身的研究历程密切相关。从事教育研究工作以来，我从未停下对技术如何有效应用于教育这个问题的追问与反思。对此，我一直秉持的观点就是：合乎伦理的发展，是现代教育技术应用的必然。近几年，我真切地感受到教育技术领域对伦理研究的强烈需求，很多技术应用引发的教育难题都可以诉诸伦理学以寻求解答。同时，我也欣喜地发现这些难题为教育技术伦理研究提供了鲜活的素材。大数据、人工智能等新兴技术的教育应用，更直接地把教育技术的伦理维度展现在人们面前。

　　围绕教育技术伦理这一主题，我进行了多年的思考，陆续发表了《现代教育技术应用的伦理审视：必要性及研究逻辑》《教育虚拟社区交往之伦理审视》《我国教育技术研究之伦理缺位与分析》《教育技术伦理研究：理论视角与内容边界》《教育数据治理的伦理框架：价值、向度与路径》《如何识别与判定人工智能教育应用伦理问题——基于伦理策略形成的视角》《人工智能与教育融合创新之伦理内涵及实现路径》《人工智能与教育融合创新何以"伦理先行"——兼论生成式人工智能教育应用的伦理路径》等论文十余篇，形成了较为系统的认识，为本书提供了重要素材。

　　教育技术在不断地发展和变迁，其既有的伦理内涵仅处于"初步开显"状态。任何研究都不可能穷尽其所有方面。对于教育技术伦理研究而言，现代教育技术应用的伦理审视只是某种意义上的"初探"，其中不乏一些不成熟的"试探"，因而有可能成为批判和质疑的对象，恳请读者同人提出宝贵意见。

最后，感谢我的导师戚万学教授对研究选题的指导、对研究边界的把关、对研究进展的鼓励，感谢在学术道路上给予我启发的各位前辈！本书在撰写过程中遇到了不少困难，我的爱人和孩子们一直陪伴我、支持我，让我拥有了战胜困难的勇气和力量！本书还得到山东省人文社会科学课题、济南市"海右计划"哲学社会科学领域人才项目和济南大学出版基金等资助，特此说明。

教育研究始终在路上。我愿以此为起点，倾听思想之召唤，努力向思想前行。

谢 娟

2024 年 10 月

责任编辑：沈　谦
封面设计：胡欣欣

图书在版编目（CIP）数据

现代教育技术应用的伦理审视 ／ 谢娟著 ． -- 北京 ：
人民出版社，2025. 1. -- ISBN 978 - 7 - 01 - 026680 - 0

Ⅰ．G40–057

中国国家版本馆 CIP 数据核字第 2024HS3430 号

现代教育技术应用的伦理审视
XIANDAI JIAOYU JISHU YINGYONG DE LUNLI SHENSHI

谢 娟　著

人民出版社 出版发行
（100706　北京市东城区隆福寺街 99 号）

北京九州迅驰传媒文化有限公司印刷　新华书店经销

2025 年 1 月第 1 版　2025 年 1 月北京第 1 次印刷
开本：710 毫米 ×1000 毫米 1/16　印张：14.5
字数：230 千字

ISBN 978 - 7 - 01 - 026680 - 0　定价：56.00 元

邮购地址 100706　北京市东城区隆福寺街 99 号
人民东方图书销售中心　电话（010）65250042　65289539